Diluvio d'Amore

Diluvio d'Amore

Swamini Krishnamrita Prana

Mata Amritanandamayi Center, San Ramon
California, Stati Uniti

Diluvio d'Amore
Swamini Krishnamrita Prana

Pubblicato da:
Mata Amritanandamayi Center
P.O. Box 613
San Ramon, CA 94583
Stati Uniti

——————————— *Torrential Love (Italian)* ———————————

Prima edizione a cura del MA Center: agosto 2016

In Italia: www.amma-italia.it

In India:
inform@amritapuri.org
www.amritapuri.org

Se tutta la terra si facesse carta,
e tutti i mari inchiostro,
e tutti gli alberi delle foreste
penne con cui scrivere,
ancora non basterebbe
per descrivere
la grandezza del Guru.

Kabir

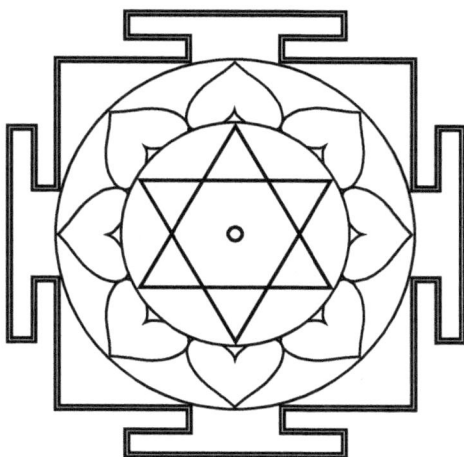

Indice

Introduzione

Senza amore e compassione, il mondo non può esistere.
L'intera esistenza è in debito con i Mahatma per l'amore
e la compassione che hanno riversato su tutto il creato.

Amma

Alcuni Santi nascono soltanto per benedire la terra con la loro sacra presenza, trascorrendo la vita seduti in silenzio in grotte isolate dell'Himalaya, assorbiti in una meditazione piena di pace, ricevendo soltanto coloro cui capita di passare di là.

Ma un altro tipo di *Mahatma* viene a questo mondo con l'obiettivo di alleviare attivamente la sofferenza elevando la razza umana. Tutt'uno con la Coscienza divina, quest'anima che ha realizzato il Sé potrebbe scegliere di risiedere nelle altezze supreme dell'ebbrezza di Dio, dimentica di noi, e invece desidera scendere al nostro livello per trasformare personalmente le nostre afflizioni e risvegliare in noi il ricordo della nostra vera natura.

Come un prezioso diamante, questo Mahatma non risiede nelle profondità di una grotta, né in quiete foreste o stupende montagne. Quest'anima misericordiosa viene a noi come il sacro fiume Gange, scorrendo da un capo all'altro della terra, fin negli angoli cupi di polverose città, con la premura di avvicinare i dimenticati e gli oppressi. Perennemente puro e immutabile come il fiume, ovunque vada un Mahatma della levatura di Amma benedice l'umanità intera con il suo tocco. Al fiume non interessa quello che la gente fa della sua acqua – alcuni la venerano, altri invece possono sputarci dentro. La sua natura sacra rimane immutata, perché sgorga naturalmente generosa dalla Sorgente.

Amma è un raro gioiello disceso per cercare con dolcezza di renderci liberi. La sua natura trabocca di una compassione che lei offre a tutti quelli che incontra. Ha consolato e confortato con affetto oltre 28 milioni di persone, e i suoi abbracci continuano a fluire verso i ricchi e i poveri, i sani e i malati. Non può trattenersi dal farlo.

Proprio come l'acqua di una fresca sorgente di montagna può dissetare chi sta morendo di sete nel deserto, così l'amore di un'anima pienamente realizzata giunge a noi come dolce nettare per alleviare il dolore di questa esistenza mortale.

Quando le persone si recano da Amma, chiedono svariate cose – benedizioni per la famiglia, la salute, il lavoro. Amma le aiuta in queste necessità, ma contemporaneamente sottolinea: "In questo mondo esiste una cosa che permette a chi la possiede di ottenere anche tutto il resto: l'amore". Amma insegna:

> L'amore è presente in tutti, anche nella persona più crudele, ma i più non sanno condividere questo amore, che rimane intrappolato dentro. In questo mondo, la grande maggioranza delle persone non ha ricevuto abbastanza amore durante l'infanzia, alcune addirittura già nel grembo materno, e questa carenza le ha profondamente segnate. Ogni persona ha diritto a dolcezza e amore illimitati. Questa sorgente non si prosciugherà mai per quanto vi si attinga – più amore e dolcezza doniamo, più essi aumentano.

Poiché non abbiamo sperimentato questo amore puro, spesso troviamo che la vita sia incredibilmente difficile. A volte ci sembra di essere intrappolati in un edificio in fiamme e di bruciare dentro e fuori. È proprio in questi momenti di disperazione che la sacra presenza di Amma arriva come una brezza rinfrescante ad estinguere l'incendio.

Ad Amritapuri vive un bambino piccolo che, con molti altri, a volte segue Amma da vicino. Nonostante abbia meno di tre anni, cerca di tenersi al passo con Amma, traballando al suo fianco, deviando a volte a destra, a volte a sinistra. Pazientemente Amma lo aiuta, riportandolo sul sentiero, camminando dietro di lui e, se necessario, correggendogli la traiettoria. Con noi, Amma fa la stessa cosa, guidandoci con pazienza nella direzione giusta, quando ci allontaniamo dal cammino, conducendoci gentilmente verso la meta.

Nella vita stiamo percorrendo tutti lo stesso viaggio, ma a volte dimentichiamo dove stiamo cercando di andare. Amma arriva ancora ed ancora per guidarci verso la nostra destinazione finale.

La gente spesso mi chiede com'è vivere con Amma e viaggiare per il mondo con lei. Onestamente, non è qualcosa che si possa facilmente esprimere a parole. Con un mezzo limitato come il linguaggio, è molto difficile cercare di trasmettere i sentimenti profondi e le impressioni interiori che sorgono quando il cuore si apre per la commozione.

Tutto ciò che posso fare è cercare di condividere alcune delle incantevoli gemme offertemi da Amma. Ogni parola che sgorga dalle sue labbra è un tesoro di inestimabile valore. Quando beni così preziosi si presentano davanti a noi, come possiamo non allungare le mani e cercare di afferrarli, per poi condividere con gli altri la bellezza che abbiamo ricevuto da Amma?

Ho trascorso più della metà di questa vita accanto a lei – e tuttavia Amma rimane per me interamente al di là della mia comprensione. Proprio quando penso che sto incominciando a capirla, mi dimostra che mi sono completamente sbagliata. Quando penso di aver rimosso uno dei veli che la nascondono, mi accorgo che molti altri sono apparsi al suo posto.

Dopo aver completato il mio primo libro, *Viaggio Sacro*, sono stata molto lieta di notare quanto esso abbia aiutato le persone a sentirsi vicine ad Amma. Ho pensato che, se in questa vita ero riuscita a fare almeno la sola cosa buona di rendere gloria al nome di Amma, era valsa la pena scriverlo. È mia speranza che i lettori apprezzino anche questa mia seconda offerta, e facciano infine l'esperienza del diluvio d'amore che fluisce da quel gioiello d'ambrosia che è Amma.

Capitolo 1

L'inizio

Alcuni lo chiamano Amma, alcuni con altri nomi.
Ma questo Essere rimane lo stesso, immutabile,
inalterabile. Nessuno può penetrare il suo mistero.

Amma

Quando nacque Amma, lo stile di vita della sua piccola comunità di pescatori era inalterato da decenni. Pochi visitatori e certo nessuno straniero erano mai entrati nel villaggio, a quei tempi. La madre di Amma, Damayanti, era profondamente devota e svolgeva quotidianamente pratiche spirituali tradizionali. Il nome del Signore era sempre sulle sue labbra. Si alzava alle tre del mattino, svegliava i figli, e poi raccoglieva fiori freschi da offrire a Dio durante i riti devozionali. Ogni settimana digiunava in determinati giorni come offerta a varie divinità.

Prima della nascita di Amma, una notte, Damayanti raccontò al marito un suo sogno ricorrente: il Signore Krishna entrava in lei come luce divina, e quella luce circondava ogni cosa intorno a lei. Quando lo disse a *Sugunacchan*, lui rispose che non era niente di speciale: "Che cosa c'è di strano? Reciti *mantra* 20 ore al giorno e pensi continuamente a Dio!". Ma Damayanti Amma disse che prima non aveva mai fatto sogni di quel tipo, e aveva già dato alla luce diversi figli.

"Sono sicura che il figlio che ho in grembo è molto speciale", disse al marito. Acchan tuttavia rifiutò di crederle, la prese in giro e si addormentò.

Incredibilmente, quella notte anche lui fece un sogno simile. Il padre di Amma raramente andava al tempio o recitava dei mantra, e quindi quando in sogno ebbe la stessa esperienza si convinse, a sua volta, che il figlio che la moglie portava in grembo era divino. Ogni giorno toccava il ventre di Damayanti e faceva *pranam* al bambino dentro di lei. In seguito disse che quel ventre era il luogo più puro del mondo, visto che Amma era nata lì.

Fin dalla primissima infanzia, Amma si dimostrò sorprendentemente diversa dagli altri bambini. Neonata di pochi mesi, Amma fissava intensamente tutte le immagini dei santi e dei vari dèi e dee che decoravano i muri della casa di famiglia. Il padre racconta che Amma fissava a lungo i ritratti e poi piangeva con un pianto ben diverso da quello dei suoi fratelli e sorelle.

Da bambina, Amma costruiva templi nella sabbia e radunava attorno a sé gli altri bambini, per giocare e svolgervi riti devozionali. Nel suo villaggio, nessuno aveva studiato il *sanscrito*, ma Amma per qualche ragione possedeva questa profonda conoscenza, e insegnava i mantra sanscriti agli altri bambini. Nessuno conosceva o praticava la meditazione, ma Amma sedeva in meditazione fin da piccolissima. La sua famiglia pensava che dormisse, pur chiedendosi come facesse a dormire seduta in modo così eretto.

Quando Amma aveva circa sette anni, a volte piangeva intensamente senza interruzione, persa nel suo mondo di devozione e desiderio struggente per Dio. Voleva recarsi in un luogo solitario in modo da piangere per Dio senza che nessuno la disturbasse. Quando suo padre la vedeva in questo stato cercava di consolarla. La prendeva in braccio, la teneva stretta a sé e la calmava. Amma gli chiedeva di portarla sull'Himalaya, lui glielo prometteva, e le diceva di cercare di riposare. Amma si addormentava appoggiata alla sua spalla, credendo con innocenza che lui l'avrebbe accompagnata, ma quando si svegliava e scopriva di non trovarsi sull'Himalaya, ricominciava a piangere.

Amma frequentava una scuola elementare distante una decina di minuti a piedi. Ogni mattina usciva di casa per lo meno un'ora prima, ma arrivava a scuola sempre dopo i compagni, e spesso in ritardo. Un giorno le insegnanti, irritate da questi ritardi, decisero di parlarne con il padre. Sugunacchan non riusciva a spiegarsi il comportamento della figlia, e decise di indagare di nascosto. Scoprì che prima di recarsi a scuola, Amma entrava in tutte le case dei poveri per informarsi sul loro stato di salute e offrire il proprio aiuto se ce n'era bisogno. Distribuiva a questi emarginati tutto quello che riusciva a racimolare in casa propria. Se qualcuno la interrogava su questi doni, all'inizio non ammetteva mai niente, e soltanto alla fine rivelava quello che aveva fatto.

A quei tempi, nel villaggio c'era un uomo anziano che vagabondava di casa in casa. Suonava il suo tamburello e chiedeva l'elemosina. Amma lo chiamava sempre "padre", irritando immensamente la sua famiglia. Un giorno il padre di Amma stese il proprio *dhoti* ad asciugare, ma quando poi tornò a riprenderlo, trovò al suo posto un dhoti vecchio. Al padre e al fratello maggiore di Amma era successo diverse volte di scoprire che i propri vestiti nuovi erano spariti e che al loro posto ce n'erano di vecchi. Non riuscivano a capire cosa stesse succedendo, finché un giorno colsero Amma mentre prendeva il dhoti nuovo di suo padre e lo sostituiva con quello vecchio del mendicante. Quel giorno Amma ricevette una sonora punizione.

Quando frequentava la quarta elementare, Amma soffriva spesso di terribili mal di stomaco. In un'occasione, il dolore fu talmente intenso da costringerla a lasciare la scuola e tornare a casa. Le fitte erano così lancinanti che Amma finì per rotolarsi a terra. Il padre si spaventò e attraversò il canale per andare a cercare un dottore nel villaggio.

Il dottore arrivò portando delle medicine e un'enorme siringa, ma quando Amma la vide rifiutò l'iniezione. Il suo comportamento ribelle contrariò il padre, che si era dato tanto da fare per trovare il medico. Inoltre, preoccupato che questi potesse infastidirsi per essere stato consultato inutilmente, disse ad Amma di prendere almeno le medicine. Amma acconsentì con riluttanza, e prese una pastiglia con un bicchiere d'acqua. Quindi Amma dichiarò di star bene e che il mal di stomaco era passato. Qualche ora dopo uscì a giocare e fu allora che il padre trovò la pastiglia umida che Amma aveva sputato e nascosto sotto il letto. Scosse la testa. "Che bambina incorreggibile", pensò tra sé.

A quei tempi il padre di Amma era spesso assente da casa per spedizioni di pesca. Al suo ritorno, ogni volta, la moglie aveva una lunga lista di lamentele sugli ultimi guai combinati da Amma. In una di queste occasioni, Amma dormiva mentre la madre sottovoce si lamentava delle sue marachelle. Amma all'improvviso reagì dichiarando con fermezza: "Non sono mica tua nuora!"[1]. Suo padre ricorda che Amma, in tono molto serio, aggiunse: "Io so tutto!".

Il padre pensò che Amma intendesse dire che conosceva ogni argomento del suo libro di testo scolastico, e allora prese il testo, nuovo di zecca, a malapena aperto, che odorava ancora di tipografia. Le chiese di dimostrare la verità delle sue parole e di ripetere quello che si trovava sul libro. Amma cominciò a recitare il contenuto, con assoluto stupore del padre il quale sapeva che probabilmente non l'aveva nemmeno sfogliato. La sorella maggiore di Amma era più avanti con gli studi, e allora il padre andò a prendere un suo libro e cominciò a interrogare Amma

---

[1] Tradizionalmente le nuore non sono trattate con lo stesso rispetto che si mostra alle figlie.

che, ancora una volta, ne espose tutto il contenuto, con grande meraviglia di Sugunacchan.

Sbalorditi dalla sua intelligenza, i genitori di Amma avevano intenzione di darle una buona istruzione, ma la cosa non si verificò, perché la madre si ammalò quando lei frequentava la quarta elementare e così Amma dovette lasciare la scuola per prendersi cura della casa.

Sebbene Amma non andasse più a scuola, continuava ad imparare perché aiutava i fratelli e le sorelle nei compiti. Le sue responsabilità consistevano nel prendersi cura dei fratelli, prepararli per la scuola, dar loro da mangiare, e inoltre svolgere tutti i lavori domestici. Era la serva di casa.

Ogni giorno usciva a comprare provviste per la famiglia utilizzando una modesta somma di denaro che doveva coprire tutte le spese domestiche della settimana. Fu così che Amma imparò il valore di ogni cosa e a gestire le spese familiari con un budget molto ristretto. Ciò che imparò da bambina contribuì a formare la base della sua conoscenza e delle sue abilità manageriali nella gestione di un *ashram* e di numerose organizzazioni caritatevoli.

Il villaggio in cui crebbe Amma era situato su una stretta striscia di terra tra il Mare Arabico e i canali interni. Il villaggio si estendeva su circa 10 ettari di terra e contava un centinaio di capanne costruite l'una accanto all'altra. I bambini spesso giocavano a casa di questo o di quello, e le madri non si preoccupavano, perché sapevano che erano al sicuro da qualche parte.

Per circa sei mesi all'anno, le acque generalmente salmastre dei canali erano piene di acqua dolce, e i bambini allora si divertivano a saltare e a nuotare nell'acqua. Si arrampicavano sugli alberi per raccogliere i manghi. Quando tirava vento, correvano sotto gli alberi dove sedevano pregando intensamente che i manghi cadessero.

Amma ricorda con tenerezza questi momenti della sua infanzia. Recentemente, mentre ci stavamo allontanando in macchina alla fine di un programma di *darshan*, alcuni bambini inseguivano l'auto cercando di mantenersi al passo, gridando eccitati, e Amma confidò che le ricordavano gli anni della sua infanzia, quando tutti i bambini correvano e giocavano insieme cercando i manghi. Disse anche che a volte, mentre dà il darshan, udire le grida di bambini che giocano all'aperto la riporta ai quei giorni lontani.

Amma veniva spesso inviata in una casa vicina a prendere il fuoco per cucinare o per accendere una lampada ad olio. A quei tempi gli abitanti del villaggio non usavano i fiammiferi, e accendevano il fuoco in qualunque casa avesse già la stufa di cucina accesa. La madre di Amma le aveva insegnato che, se entrando in un'abitazione vedeva dei piatti sporchi, doveva lavare i piatti o dare una ripulita alla casa prima di prendere la fiamma. A quei tempi, i paesani avevano questo riguardo gli uni per gli altri. Non sapevano nulla di spiritualità, ma l'abitudine di aiutarsi reciprocamente era parte integrante del modo in cui venivano allevati.

Negli anni della fanciullezza Amma non ebbe un insegnante formale cui rivolgersi, e quindi per lei tutto divenne una lezione spirituale. Imparò da ogni esperienza di vita.

Da ragazzina, quando la brezza le accarezzava la pelle, era solita immaginare che Dio la stesse abbracciando. Amma racconta che parlava sempre con Madre Natura, con il cuscino, con tutto. Per lei non esisteva niente che non fosse colmo di Coscienza divina.

Amava andare lungo la spiaggia e contemplare l'oceano come se fosse la sua vera madre. Si sedeva vicino all'acqua e gli raccontava ogni cosa, perché solo l'oceano era in grado di capirla. A volte prendeva con sé del pane, o qualcosa da bere, e dopo la meditazione li offriva al mare, volendo condividere ogni cosa con lui.

Da bambina, ogni giorno Amma andava di casa in casa per raccogliere avanzi di cibo per le mucche di famiglia. In molte case trovava terribili sofferenze. Se i pescatori non pescavano niente per qualche giorno, spesso le loro famiglie non avevano da mangiare. A quei tempi le famiglie erano numerose, contavano anche dodici figli. A volte Amma vedeva madri disperate che stringevano a sé i figli, tutti in lacrime. I bambini piangevano dalla fame, e la madre perché non aveva niente da dar loro da mangiare; in altre famiglie, invece, c'era cibo più che a sufficienza. Questa disparità spesso turbava Amma e la faceva piangere di rabbia verso un Dio che poteva essere così parziale, finché ricevette la risposta che la sofferenza di queste persone era causata dal loro *karma* e che il *dharma* di Amma era di mostrare loro compassione.

Amma non mise mai in discussione l'esistenza di Dio. Per lei la domanda era: "Come posso alleviare la sofferenza che è dappertutto?". Avendo visto di persona tali sventure, Amma seppe fin da bambina che la sua vita era destinata ad essere un dono per portare sollievo all'umanità.

Amma ha detto di non aver mai visto un *sannyasi* in quella zona fino a circa vent'anni. L'unico tempio pubblico era situato a sette chilometri di distanza in una località detta Ochira. Ogni anno il padre di Amma era solito portarvi gli otto figli in occasione di un festival religioso. Questo pellegrinaggio annuale era per loro il paradiso.

Fino all'età di diciannove anni, Amma non si allontanò più dei 13 chilometri fino a casa della nonna. A ventidue anni, percorse i 35 chilometri fino a Kollam, ma non andò oltre. Sebbene Amma in gioventù non si sia mai allontanata troppo dal villaggio, oggi trascorre la maggior parte dell'anno a viaggiare in lungo e in largo per il mondo, portando con sé gioia e conforto ovunque vada.

Capitolo 2

Oltre la religione

Abbiamo imparato a volare nell'aria come uccelli e a nuotare nel mare come pesci, ma non abbiamo imparato la semplice arte di vivere insieme come fratelli e sorelle.

Martin Luther King Jr.

La gente spesso si chiede come Amma abbia incominciato a dare il darshan. Amma dice che non fu una cosa programmata, ma che incominciò ad accadere spontaneamente quando i poveri abitanti del villaggio si recavano da lei piangendo per i propri problemi. Amma si immedesimava profondamente in loro. Condivideva pienamente le loro sofferenze e li confortava in modo che potessero trovare un po' di sollievo. Cominciò così a prenderli tra le braccia, accarezzarli e abbracciarli come una madre che conforta il proprio figlio.

Altri paesani, a loro volta pieni di problemi, vedevano Amma donare così tanto affetto e si lamentavano: "Ha abbracciato lui, e quindi adesso deve abbracciare anche me!", pretendendo anch'essi la stessa consolazione. In questo modo Amma iniziò a rincuorare una persona dopo l'altra, ed è così che ebbe inizio la tradizione della fila per il darshan. Amma diventò come un fiume d'amore che scorreva perpetuo, abbracciando tutti quelli che si recavano da lei carichi di dolore.

Nel villaggio di Amma, la gente viveva in capanne fatte con le fronde intrecciate delle palme di cocco. Man mano che le fronde divenivano più rade, il tetto iniziava a gocciolare, e quindi le capanne dovevano essere rinnovate ogni anno prima della stagione dei monsoni. Ma alcuni abitanti non si potevano permettere le mille rupie necessarie per riparare il loro tetto di foglie. Quando la notte pioveva, se non avevano recipienti sufficienti per raccogliere l'acqua che colava dal soffitto, dovevano restare seduti nella capanna con l'ombrello aperto per proteggere i bambini addormentati.

Da ragazzina, Amma doveva spesso accompagnare all'ospedale locale il fratello minore, che aveva una salute precaria, e là vedeva persone soffrire perché non potevano permettersi un analgesico. Le strutture dell'ospedale erano insufficienti, a volte gli oggetti non venivano adeguatamente sterilizzati per mancanza di elettricità e strumenti come gli aghi erano utilizzati più volte. L'ospedale richiedeva che ogni paziente avesse con sé un foglietto di carta su cui il dottore potesse scrivere il nome, i dati, e una ricetta da consegnare al farmacista. Ma alcune persone erano così povere da non potersi permettere nemmeno un foglio da dare al dottore, e di conseguenza non erano in grado di ritirare le medicine.

Amma incontrava anche famiglie così povere da non disporre del denaro per comprare i fogli di carta necessari per gli esami scolastici dei figli. Per poche rupie questi bambini dovevano rinunciare ad un'istruzione.

Per questa ragione Amma aveva l'abitudine di strappare dei fogli dai quaderni delle sue sorelle e darli ai poveri, in modo che potessero ricevere le medicine o presentarsi agli esami. Quando le sorelle se ne accorgevano, spesso la picchiavano, ma ciò non la faceva desistere dall'aiutare i poveri.

Amma fu testimone di grande sofferenza durante l'infanzia e perciò la prima cosa che disse quando nel 1983 l'ashram di Amritapuri venne registrato come istituzione caritatevole fu: "Non fate di me un pappagallo in gabbia. Non fate di questa organizzazione un business. Essa deve rappresentare la gente, l'umanità sofferente". Da allora fino ad oggi, questo ideale è stato mantenuto in modo assoluto e senza compromessi sia da Amma che da tutti coloro che lavorano al suo fianco.

Le persone sono molto ispirate da Amma. In India, persino i più poveri cercano di metterle una rupia in mano quando si recano al darshan, sapendo che sarà usata per servire gli altri. Spesso è tutto ciò che possono offrire, eppure vogliono anch'essi aiutare il prossimo e sanno che Amma lo farà a nome loro. Lei dice che sono come uccellini che consegnano le proprie offerte, le quali, tutte insieme, diventano come lo scorrere di un fiume.

I grandi Maestri traggono esempi dalla vita quotidiana e li espongono in dettaglio per renderli comprensibili. La Verità suprema, sebbene estremamente semplice in essenza, rimane al di là della nostra comprensione, indefinibile a causa della sua semplicità. È come un grosso pezzo di zucchero candito che viene suddiviso e distribuito a pezzettini. Alcuni affermano di conoscere la natura dello zucchero candito e ne parlano in continuazione. Qualche volta ne hanno forse leccato la superficie, ma non ne hanno mai sperimentato in pieno la dolcezza. Non sono in grado di ridurne i princìpi all'essenziale per permetterci di assorbirli. È qualcosa che soltanto un Maestro illuminato come Amma sa fare.

Nella tradizione induista, per simboleggiare la distruzione dell'ego, si spaccano le noci di cocco di fronte al tempio. Quest'azione significa: "Dio, sto cercando di distruggere l'ego di fronte a Te!". E proprio come dalla noce di cocco esce dell'acqua dolce, quando si abbandona l'ego nasce la gioia .

Amma ha detto che tutti i simboli dell'Induismo possiedono contenuti profondi e ricchi di significato. Il simbolismo esteriore dell'Induismo aiuta a sviluppare concentrazione mentale e disciplina. Per esempio, la *vibhuti* che viene applicata sulla fronte è curativa, e simboleggia che ogni cosa alla fine si riduce in cenere ed è, quindi, transitoria. I pori della fronte hanno terminazioni nervose speciali e assorbono la cenere. In modo analogo, accendere la canfora e farla ondeggiare durante l'*arati* simboleggia l'abbandono del proprio ego. Proprio come la canfora brucia senza lasciare traccia, la nostra individualità si dissolve quando offriamo sinceramente noi stessi, il nostro ego, in questo abbandono.

Le persone chiedono spesso quale sia il legame tra Amma e l'Induismo. Amma dice che, essendo cresciuta nella cultura indù e avendone pienamente compreso il significato interiore, ritiene che esso sia di beneficio per chi ne prova interesse. Amma non forza mai nessuno a venerarne gli dèi o le dee. Ci consiglia di vedere Dio in tutti, di venerare ogni singolo aspetto del creato. Ripete spesso che il creato e il Creatore non sono distinti, ma la medesima cosa.

Quando Amma tiene dei *satsang* in India, cerca spesso di insegnare alla gente il vero significato dietro ai vari dèi e dee, e ai concetti del *Sanatana Dharma*. La maggior parte delle persone ha ciecamente accettato i rituali senza averne compreso il vero senso. Amma ci esorta ad afferrare il reale significato della nostra religione. Non c'è bisogno di cambiare religione, ma ci si dovrebbe sforzare di capirne l'essenza.

Un giorno, in transito a Londra, dovemmo prendere un taxi per recarci in un altro terminal. Notando i nostri vestiti indiani, il tassista mi chiese di che religione fossimo. Io risi, perché questa è una domanda cui è sempre difficile rispondere. Per qualcuno come Amma, che ha completamente trasceso i confini di qualsiasi religione e sta cercando di insegnarci a fare lo stesso, è fuorviante dire che siamo semplicemente induisti, ma questo è anche un concetto difficile da spiegare agli altri pretendendo che capiscano.

Cercando di evitare di essere classificati con l'etichetta di una particolare religione, risposi che la nostra era la religione dell'amore e del servizio all'umanità. Dalla sua espressione capii che non era troppo soddisfatto della mia risposta. Sapevo che voleva udire una definizione che gli fosse familiare, e allora mi adeguai e aggiunsi: "Induisti".

Soddisfatto della risposta, chiese poi cosa pensavamo succedesse al momento della morte, e dove si andasse. La risposta di Amma prese la forma di una domanda: "Che cosa succede quando piove? Dove va la pioggia?".

Il tassista ci pensò su un poco e poi rispose: "Beh, circola, e poi ritorna". Proprio così! C'era arrivato e aveva risposto alla propria domanda da solo. Tutti scoppiammo a ridere.

A quel punto, arrivati ormai a destinazione, eravamo scesi dal taxi e stavamo per entrare nell'edificio. Spinto dalla sua curiosità spirituale ormai stimolata, l'autista si lanciò in un'ultima domanda: "Dov'è Dio?". Amma rispose che l'uomo l'aveva tagliato a pezzi e gli aveva dato il nome di religione.

Se diamo un'occhiata ai quotidiani in un giorno qualunque, in una qualsiasi parte del mondo, incontriamo incredibili atti di violenza e distruzione. Ci sono persone che vogliono uccidere e mutilare il loro prossimo in nome della religione. Amma fa notare che un buon numero di persone è pronto a morire per la propria religione. Ma quanti sono disposti a vivere secondo la propria religione, nelle vera essenza della purezza che vi è insita? Quasi nessuno, sembra.

Noi tendiamo a vedere soltanto la veste esterna della religione, e non ne comprendiamo l'essenza interiore, la spiritualità. Quando riusciremo ad assorbire e a mettere in pratica quell'essenza, le

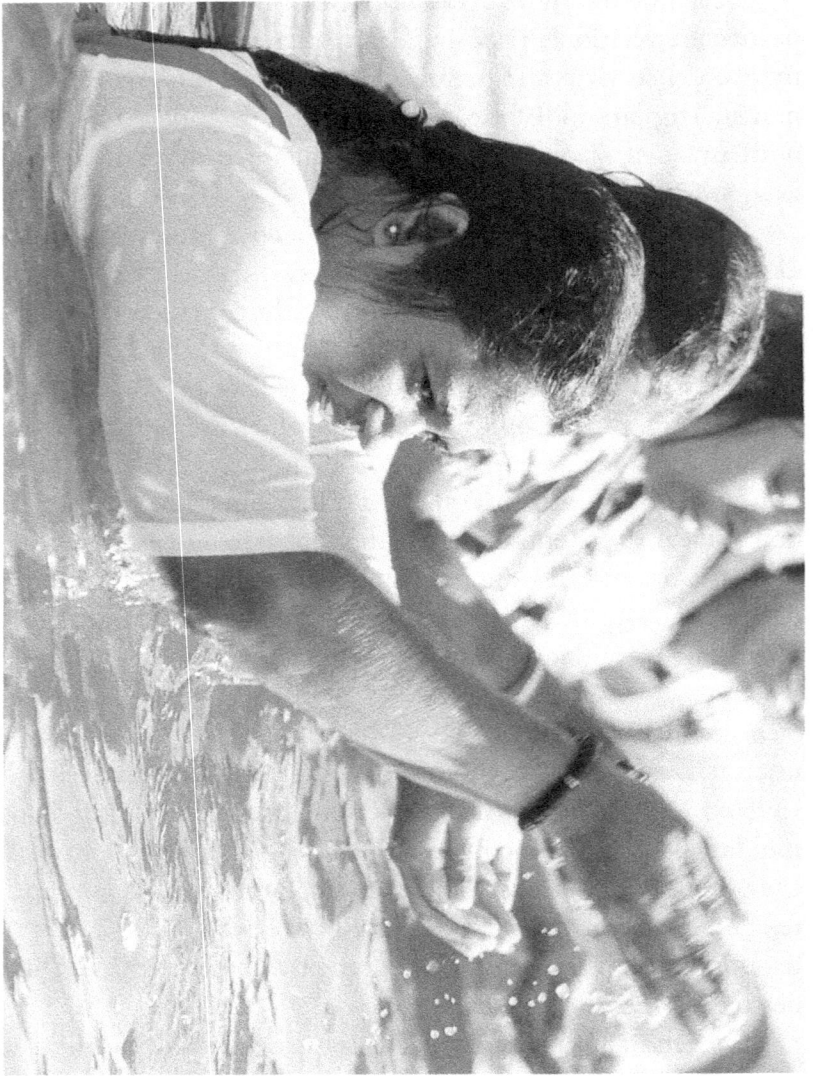

cose cambieranno. È la mancanza di esperienza spirituale che ha causato tutte le divisioni che vediamo oggi nella società.

Amma dice che nella tendenza di affermare "io sono induista", o "io sono cristiano" o ancora "io sono mussulmano", l'"io" inferiore, l'ego, è ancora presente. Dobbiamo sforzarci di trascendere questa prospettiva. L'indagine sul vero "Io" ci condurrà alla Verità. È per arrivare a conoscere questo "Io", questo Sé, che svolgiamo le nostre varie pratiche spirituali.

Amma sottolinea che è inutile limitarsi a studiare e pensare al *Vedanta*. Il Vedanta va vissuto, in modo pratico. Per esempio, dovremmo sentire che gli altri non sono differenti da noi e cercare di aiutarli ed elevarli, in modo che tutti al mondo siano felici. È questo il principio spirituale fondamentale dietro al mantra *Lokah Samastah Sukhino Bhavantu* – Possano gli esseri di tutti i mondi essere felici.

La religione e la spiritualità sono gli strumenti per aprire il cuore ed esprimere agli altri amore e compassione, ma a causa della nostra comprensione errata e del nostro egoismo finiamo col farne un cattivo uso e creare ancora più problemi. Lo scopo principale della vita è di vivere felici e provare vera pace mentale rimanendo concentrati sul momento presente. Nonostante tutta la libertà che la gente crede di avere, quanta pace mentale c'è veramente? La maggior parte delle persone soffre terribilmente.

Amma spesso ci deve ricordare che l'unico luogo in cui possiamo davvero trovare una libertà duratura e autentica è all'interno. Una volta raggiunta, essa non ci lascerà più, ma possiamo arrivarci soltanto attraverso la spiritualità.

Amma dice che l'amore non può essere espresso a parole, perché trascende il potere del linguaggio – è pura esperienza. Proprio come non siamo in grado di spiegare il suono del tuono e della pioggia, se non facendone l'esperienza. Quando incominciamo a donare amore, esso si risveglia in noi: ogni dualismo scompare e si fonde nell'unità.

Sfortunatamente, molte persone rimangono divise. Nel mondo d'oggi regnano l'agitazione e i conflitti, e spesso se ne dà la colpa alla religione. Ma Amma dice che queste accuse sono ingiuste: sono le interpretazioni errate dei concetti religiosi a creare i problemi, e non la spiritualità, che è la natura fondamentale di tutte le religioni.

Un giorno, a conclusione di un'intervista, un giornalista rimase veramente impressionato da Amma, e commentò che le sue risposte erano semplicissime, ma molto profonde. Amma dichiarò di essere cresciuta in un villaggio e di non aver studiato, ma di essere arrivata conoscere il proprio Sé. Conoscendo se stessa, era arrivata a comprendere ogni altro essere, poiché noi non siamo entità isolate, ma tutti connessi come anelli di una catena.

Se si getta una pietra in uno stagno, le increspature viaggiano fino ai bordi e poi tornano al centro. Si verifica la stessa cosa con lo studio; impariamo moltissimo, ma alla fine dobbiamo ritornare al punto di partenza e renderci conto che in verità non sappiamo nulla.

Usando un esempio, Amma dice che per aprire una serratura basta una chiavetta, ma se cerchiamo di aprirla infilandovi altre cose, alla fine la serratura si rompe. La Verità suprema è davvero molto semplice, ma noi cerchiamo sempre di complicarla.

Esistono molte religioni, ma Dio è uno solo. Per la pura Coscienza non esiste casta o credo. I sentieri per raggiungere la verità sono infiniti, ma la meta una sola. In modo simile, si svolgono pratiche diverse per raggiungere la stessa verità.

Amma non cerca mai di influenzare qualcuno ad accettare ciò che non si sente di praticare. Con compassione offre consigli secondo la costituzione mentale e la cultura di ognuno. Coloro che adorano Gesù sono iniziati da Amma al mantra di Gesù; i musulmani, al mantra di Allah; e chi venera il Senza-forma riceve un mantra appropriato.

Quando un catastrofico terremoto colpì il Kashmir nell'ottobre 2005, alcuni rappresentanti di Amma furono inviati al confine con il Pakistan per esaminare il modo migliore per fornire aiuti. Prima che partissero, Amma disse loro di non parlare di lei, cosa che di solito la maggior parte dei devoti tende a fare, ma piuttosto di cercare semplicemente di confortare le vittime attraverso un sostegno spirituale in accordo con la loro religione. Dopo la distribuzione ai bisognosi di cibo e vestiario, i volontari si sedettero con le persone del luogo che avevano perso la casa nel disastro, e cantarono tutti insieme. I canti furono scelti con cura in modo da non essere in conflitto con la fede mussulmana. Ciò aprì davvero i cuori delle persone a un amore che abbracciava tutta l'umanità e non restava confinato in una religione soltanto.

Amma disse che in tempi di calamità dovremmo sintonizzarci con chi soffre e cercare di diventare una cosa sola, senza mai cercare di cambiare la sua religione. Dovremmo aiutare gli altri a credere più fermamente alla loro religione e a rivolgersi a Dio secondo la loro comprensione e cultura.

Amma non ha mai chiesto a nessuno di credere in lei o di venerarla. Ci chiede soltanto di diventare esseri umani migliori e di arrivare a conoscere chi siamo davvero. La verità è che non sappiamo affatto chi siamo; trascorriamo la maggior parte della vita ignari del nostro Sé. Un Maestro perfetto come Amma ci conosce davvero meglio di quanto noi conosciamo noi stessi.

Capitolo 3

Un Maestro perfetto

*Un semplice tocco o sguardo di un Mahatma
ci può giovare più di dieci anni di pratiche
spirituali, ma per sperimentarne il beneficio,
dobbiamo eliminare l'ego e avere fede.*

Amma

La nonna paterna di Amma era una donna molto pia. Trascorse gran parte della vita a confezionare ghirlande di fiori per il tempio di famiglia. Quando si recava al darshan, Amma la stuzzicava con affetto, infilandole fiori nei grandi buchi dei lobi delle orecchie. Gli anni passavano e la nonna diventava una ragazzina di fronte alla sua divina nipote.

Persino dopo i novant'anni, la nonna di Amma si alzava presto la mattina. Camminava per l'ashram di Amritapuri raccogliendo fiori per il *kalari*. Con la schiena deformata dall'artrite, si muoveva molto lentamente, ma senza l'aiuto di nessuno. Fino ad appena un paio di anni prima della morte, si scaldava da sola l'acqua per il bagno quotidiano. Fu soltanto verso la fine della sua vita che divenne troppo debole per prendersi cura di sé e fu ricoverata all'ospedale dell'ashram, dove trascorse i suoi ultimi giorni.

Anche mentre era incosciente all'ospedale, le sue mani continuavano ad afferrare il sari arrotolando il tessuto nel modo in cui erano abituate per la fare le ghirlande. Dopo aver compiuto quest'azione alle prime ore del giorno per così tanti anni, era talmente impressa nella sua mente da continuare anche in stato d'incoscienza. Ciò dimostra quanto sia importante acquisire buone abitudini.

Il futuro è sempre nelle nostre mani. Come una volta disse il Buddha: "Quello che siete, è ciò che siete stati. Ma ciò che sarete, è ciò che fate oggi. Se volete conoscere le vostre vite passate, osservate la vostra condizione attuale. Se volete conoscere il vostro futuro, osservate le vostre azioni di oggi".

Se riusciamo a sviluppare dei buoni pensieri, gradualmente quelli brutti scompariranno. È come aggiungere dell'acqua dolce in un contenitore pieno di acqua di mare – l'acqua diventa meno salata.

Quando nevica sulle montagne, i bei fiocchi di neve ci sembrano innocui, ma quando si sciolgono, cominciano a scorrere dalle montagne come fiumi in piena. Il loro flusso può trasportare massi enormi, e addirittura trascinarci via. Analogamente, possiamo credere che un solo pensiero sia insignificante, che non abbia potere, ma quando si rafforza, si traduce in azione e può causare danni e disastri irreparabili. Dobbiamo essere consapevoli dei pensieri negativi nella mente e cercare di fermarli subito prima che crescano e possano causare danni.

Finché continuiamo a identificarci con il corpo e la mente abbiamo bisogno di condurre una vita disciplinata. La disciplina ci può aiutare a creare consapevolezza mentale. È comunque molto difficile trascendere le *vasana* da soli, ed è per questo che abbiamo bisogno dell'aiuto di un Maestro perfetto.

Amma dice di non preoccuparci delle azioni passate. Come una gomma può cancellare le scritte a matita, il Maestro può eliminare tutti i nostri errori. Ma dobbiamo fare attenzione a non continuare a ripeterli. Infatti, scrivendo e cancellando ripetutamente nello stesso punto, il foglio infine si strappa.

Dopo aver incontrato un Maestro perfetto ed esserci completamente abbandonati, non abbiamo più nulla di cui preoccuparci. Amma sa che è difficile avere un abbandono totale, che in verità equivale alla realizzazione di Dio. Nonostante tale raggiungimento sia arduo dovremmo per lo meno cercare di sforzarci al massimo; la capacità di farlo dipende dall'evoluzione spirituale di ognuno, secondo il proprio livello. Tutto nelle vita è una creazione di Dio, eccetto l'ego. L'ego è una nostra creazione. Per eliminare l'ego abbiamo bisogno dell'aiuto di qualcuno esterno a questa nostra creazione, ovvero di un Maestro perfetto. Soltanto il *Guru* può rimuovere la cataratta dell'ignoranza.

Si dice che l'ego risieda nella testa, e per questo nella tradizione del Sanatana Dharma ci si inchina al Guru con il seguente intendimento: "Depongo l'ego ai tuoi piedi, così che la tua grazia divina possa fluire e lavare via il mio ego opprimente". Questo è l'atteggiamento da mantenere prosternandosi al Guru. L'unico modo per eliminare tutti i pensieri e la confusione della mente è coltivare il vero abbandono.

Avviciniamo il Maestro spirituale soltanto per il nostro bene. Lui non ha niente da guadagnare da noi, ma noi tutto da lui.

Spesso le persone non capiscono la necessità di cercare di abbandonarsi a un Maestro perfetto, e chiedono: "Perché è indispensabile? Non ci toglie tutta la libertà?". Quando sentono la parola "abbandono" immaginano che abbandonarsi significhi inginocchiarsi e offrire tutti i propri averi e ritrovarsi col conto in banca ridotto a zero. Ma Amma dice che non si tratta di questo: vero abbandono è ridurre a zero il conto interiore attraverso l'offerta di tutto ciò che abbiamo dentro. Il vero abbandono è quello del cuore. Inchinandoci, ci eleviamo.

C'era una volta nell'India del nord un grande santo *sufi*, famoso perché esaudiva i desideri della gente. A un povero vecchio che viveva in un lontano villaggio mancava il denaro necessario per organizzare il matrimonio della figlia. Aveva sentito parlare del grande santo e decise di intraprendere un viaggio per incontrarlo.

Quando raggiunse la dimora del santo, si avvicinò e gli chiese aiuto per organizzare il matrimonio della figlia. Il santo dimostrò molto interesse e rispose: "Al momento non ho niente da darti, ma torna tra quindici giorni e sarò in grado di fare qualcosa per te". L'anziano se ne andò felice.

Quindici giorni dopo, l'uomo ritornò. Contattò di nuovo il santo e gli ricordò la promessa d'aiuto che gli aveva fatto. Questa volta il santo disse: "Oh, sei di nuovo tu. Me ne sono completamente dimenticato… Se ti è possibile torna tra quindici giorni, per favore. Sono sicuro che riuscirò a trovare il modo di aiutarti". È così il pover'uomo fece nuovamente ritorno al villaggio.

Passarono altre due settimane e il giorno stabilito l'uomo tornò a chiedere aiuto al santo. Aspettò pazientemente il proprio turno e quando poté avvicinarlo, il santo disse: "Oh, sei tu. Mi sono dimenticato ancora una volta di te. Sono davvero desolato. Non ho davvero niente da offrirti; tutto ciò che possiedo sono questi sandali di legno". Se li tolse e li consegnò all'uomo. Il pover'uomo era straziato, ma silenziosamente prese i sandali e si voltò per andarsene.

Mentre si allontanava, pensava tristemente tra sé: "O Dio, tutto quello che volevo era un piccolo aiuto per il matrimonio di mia figlia, e guarda cosa mi ha dato il santo: un paio di vecchi sandali di legno. Ma è stata colpa mia, non avrei dovuto importunarlo con i miei desideri; non ha niente nemmeno per sé: cosa avrebbe potuto darmi? È dunque mio destino continuare a soffrire in povertà?".

Versando lacrime silenziose, l'uomo iniziò a camminare verso il villaggio, con i sandali di legno stretti al cuore.

Proprio in quel momento, un uomo molto ricco, che per combinazione era uno dei discepoli più devoti del santo, stava rientrando da un'altra città. Trasportava con sé tutti i suoi beni, con l'intento di trasferirsi ai piedi di questo grande santo. Viaggiava su un elefante accompagnato da un gruppo di cammelli carichi di tutti i beni dei suoi antenati.

Mentre si avvicinava alla città, all'improvviso l'uomo percepì nell'aria il profumo del Guru. Sentiva la sua divina presenza nelle vicinanze, quindi fermò l'elefante e cominciò ad annusare l'aria chiedendo alle persone che viaggiavano con lui: "Sentite questo profumo? Da dove viene?". I suoi amici affermarono di non avvertire nulla di speciale, ma l'uomo insistette: "No, no, mi sembra che il mio Maestro sia qui vicino. Percepisco il suo profumo divino".

Si guardò intorno e vide solo un uomo anziano in lontananza che lentamente si avvicinava. Chiese a qualcuno di chiamarlo e mentre il vecchio si avvicinava, l'intensità del profumo via via aumentava. "Da dove vieni? Dove vai? Cosa porti con te?", gli domandò.

L'anziano raccontò la sua triste storia e disse: "Ho importunato quel povero santo che non possiede nulla, e tutto quello che mi ha potuto dare sono questi suoi sandali di legno". Il discepolo si entusiasmò: "Hai con te i sandali del mio Guru? Li devo avere, che cosa vuoi in cambio?".

Il vecchio fu sbalordito e disse: "Volevo soltanto un piccolo aiuto per il matrimonio di mia figlia". Il discepolo immediatamente replicò: "Prendi tutti questi cammelli carichi dei miei beni e dammi i sandali del mio Guru. È questa la vera ricchezza che voglio!".

Il pover'uomo rispose: "A me basta soltanto qualcosa per il matrimonio di mia figlia!".

Ma il discepolo insistette: "No, prendi tutto! Non ti darò niente di meno per i sandali del mio Guru".

L'anziano uomo consegnò i sandali e il discepolo se li pose sulla testa iniziando a danzare in estasi. A piedi nudi corse alla dimora del Maestro, dove il santo era seduto come se lo stesse aspettando. Il discepolo si prosternò ai piedi del Guru, infilandogli con dolcezza i sandali. Il vecchio santo sorridendo gli chiese: "Quanto li hai pagati?".

Con le lacrime agli occhi, egli disse: "Maestro, tutto quello che avevo, tutti i miei beni, ho dato tutto per questi sandali".

Il Guru replicò: "Anche così, li hai pagati pochissimo!".

Mentre noi fantastichiamo soltanto su quello che possiamo ottenere dalla vita, Maestri perfetti come Amma sognano quello che possono donare al mondo. Amma desidera solo riempire il mondo d'amore, fino al suo ultimo respiro.

Amma spiega che abbandono significa comprendere la natura del mondo e dei suoi oggetti e vivere di conseguenza. Le persone si spaventano quando sentono la parola "abbandono", e allora Amma suggerisce di utilizzare al suo posto la parola "accettazione".

Un giorno, un gruppetto di persone stavano passeggiando con Amma, quando, lungo il sentiero videro la pelle di un serpente stesa come un nastro. Un bambino chiese ad Amma: "Perché i serpenti perdono la pelle?". La sua risposta fu piena di saggezza: "Se i serpenti non perdessero la pelle non potrebbero crescere e soffocherebbero nella loro vecchia pelle. Figlio, anche tu devi perdere la tua vecchia pelle per poter crescere".

Nella vita spirituale non si torna mai indietro. Se interrompiamo le nostre pratiche per poi riprenderle dopo molto tempo, il merito che abbiamo guadagnato rimane ugualmente. Come un conto vincolato dei nostri risparmi il cui ammontare aumenta quando versiamo del denaro ma non diminuisce né si esaurisce mai, il nostro sforzo non va mai sprecato, e possiamo sempre ricominciare da quel punto. Da parte nostra, dobbiamo sviluppare la pazienza di sforzarci sempre di più nella direzione giusta, per arrivare infine all'esperienza della Verità.

Un Maestro perfetto ci insegna ad accettare ogni avvenimento della vita, ad essere grati per le cose belle e per le brutte, le giuste e le sbagliate, per gli amici e per i nemici, per chi ci nuoce e chi ci aiuta, per chi ci imprigiona e chi ci libera. Il Maestro ci aiuta a dimenticare il passato oscuro e a non pensare al futuro luminoso colmo di mille promesse. Ci aiuta a vivere la vita nel momento presente in tutta la sua pienezza. Ci fa capire che l'intero creato – ogni cosa, ogni persona, persino i nostri nemici – ci aiuta ad evolvere e a raggiungere la perfezione.

Tutte le persone straordinarie hanno attraversato grandi difficoltà nella vita. Galileo fu uno degli astronomi di maggior prestigio. Perse la vista, ma persino nei suoi momenti più difficili riuscì comunque a dire: "Se ciò fa felice Dio, fa felice anche me". Si era talmente abbandonato che proseguì i suoi esperimenti scientifici nonostante la cecità.

Albert Einstein aveva dei problemi di apprendimento e iniziò a parlare soltanto all'età di tre anni. A scuola la matematica gli risultava particolarmente difficile, ma superò questo ostacolo fino a diventare uno dei più grandi matematici al mondo.

Anche George Washington ebbe un ritardo nell'apprendimento ed era poco portato per la composizione e la grammatica, ma nonostante questi ostacoli non indifferenti, trionfò sulle sue imperfezioni e divenne una delle più grandi personalità della storia.

Ai nostri tempi, lo scienziato Stephen Hawking è in grado di produrre una letteratura scientifica tra le più popolari al mondo, nonostante incredibili limitazioni fisiche. A causa di una malattia debilitante è costretto su una carrozzella e non è in grado di parlare né di scrivere. Nonostante le condizioni fisiche, Hawking indaga per rivelare i misteri dell'universo e ha realizzato capolavori di letteratura scientifica tra i più consultati oggi.

Tutti incontreremo degli ostacoli lungo il sentiero spirituale. Una volta qualcuno chiese ad Amma: "Come possiamo rafforzare la fede nei momenti difficili?". Amma rispose:

> Se è vera fede, non la perderete. Siamo noi gli unici a trarre beneficio dalla fede in Dio. Dio non ha niente da perdere. Quando attraversiamo dei periodi critici, dobbiamo aggrapparci ai piedi di Dio. Nel nostro amore per Dio non dovremmo avere aspettative. Soltanto attraverso l'abbandono saremo in grado di fare l'esperienza di Dio, ma è necessario dirigere l'attenzione all'interno. Dobbiamo comprendere i pensieri presenti nella mente, e osservare dove ci portano.

Se nella nostra vita adottiamo i princìpi spirituali, saremo in grado di gestire in modo positivo qualunque situazione e, affrontando le nostre sfide, svilupperemo la forza di superare qualsiasi prova.

Un giorno un bambino parzialmente sordo tornò a casa da scuola con in tasca una nota del suo maestro: "Vostro figlio Tommy è troppo stupido per imparare, ritiratelo da scuola". La madre lesse le parole crudeli e rispose all'insegnante: "Non è per niente troppo stupido per imparare. Gli farò io da insegnante". Lo tolse subito dalla scuola e con pazienza e disciplina si impegnò lei stessa a fargli lezione a casa. Quel ragazzino, considerato incapace di imparare, ricevette un'istruzione scolastica formale di soli tre mesi. Il suo nome era Thomas Edison.

Quando il Guru dice qualcosa, dobbiamo renderci conto che lo fa tenendo a mente il nostro bene supremo. A volte ci potrà sembrare illogico o inutile, insignificante o privo di senso. Se Amma ci dà consigli spirituali o avvertimenti particolari, dobbiamo ricordare che saranno rilevanti domani, se non oggi.

Una volta, Amma ci raccontò di un uomo che secondo lei aveva problemi di cuore. Gli suggerì di farsi visitare, ma lui rifiutò, visto che si sentiva bene. Morì d'infarto sei mesi dopo.

In un'altra occasione, Amma consigliò un altro signore di farsi esaminare il cuore. Lui rispose che aveva appena fatto un controllo in Inghilterra, ma Amma insistette che si facesse ricontrollare. Lo fece, e risultò che aveva tre coronarie malate. Quando Amma dice qualcosa, c'è sempre una ragione.

Le parole di un Mahatma si avvereranno senz'altro. Nella mia vita ho avuto moltissime dimostrazioni.

Ai primi tempi dell'ashram, Amma teneva sotto controllo la cucina, perché sapeva che probabilmente era il luogo a noi più caro. Mi disse che anch'io avrei dovuto lavorare in cucina un giorno. E quel giorno arrivò davvero.

Tutti i residenti dell'ashram desideravano andare a Kodungallur, dove Amma avrebbe consacrato il primo Tempio Brahmasthanam. La ragazza che generalmente all'ashram cucinava per tutti voleva davvero partecipare alla funzione, quindi quel giorno io mi offrii di sostituirla. Non avevo mai cucinato nessun piatto indiano in vita mia, ma sembrava facile. Il menu consisteva in riso, spinaci e *pulisheri*.

Mi misi all'opera con entusiasmo, ma fui sbalordita nel veder la quantità di spinaci necessari per una sola porzione, poiché con la cottura si riducevano moltissimo. Mi ritrovai a tagliare spinaci per un tempo molto più lungo di quanto non avessi pensato. Il pulisheri non era così difficile, ma non riuscii a cucinare abbastanza riso per tutti. Andò a finire che quel giorno dovetti cucinare il riso quattro volte per riuscire a saziare tutti gli affamati muratori e i residenti.

Ad un certo punto, la mia terza partita di riso aveva finito di cuocere ed era pronta per essere scolata. Un brahmachari si offrì di aiutarmi a travasarlo dalla grande pentola a vapore. Incominciò a scolarlo, ma all'improvviso sentì che a causa del calore non riusciva più a reggerla. Bruciandosi il braccio sul metallo bollente, lanciò un grido spaventato e lasciò cadere a terra tutto il pentolone di riso nel canale di scolo. Sentendomi ben poco comprensiva, lo cacciai dalla cucina e gli vietai di tornare ad aiutarmi. Dopo aver recuperato il possibile, mi misi con poco entusiasmo a cuocere un'altra pentola di riso.

Dopo essere sopravvissuta al pasto di mezzogiorno, la distribuzione della cena sembrò molto più semplice. Una devota aveva donato all'ashram del cibo che aveva cucinato a casa sua. Purtroppo all'ashram si erano presentate numerose persone inaspettate, e ancora una volta il cibo non bastò per tutte.

Una ragazza occidentale, che mi aiutava a servire, si accorse che il cibo non sarebbe bastato e insisteva che noi due ci servissimo per prime. Le dissi che non potevamo, perché i cuochi mangiano sempre per ultimi, e soltanto se rimane cibo sufficiente.

Andò a finire che il cibo non bastò, e la mia insistenza a mangiare per ultime certo non fu gradita alla ragazza. Finimmo col saltare il pasto. In seguito però mi scrisse una lettera ringraziandomi di averle dato una lezione, quel giorno, anche se l'aveva apprezzata soltanto in seguito. Non c'è bisogno che dica che fui entusiasta quando la cuoca ritornò e riprese il suo lavoro in cucina – penso che anche tutti gli altri ne furono sollevati.

Ma le parole di Amma si erano avverate. Aveva detto che un giorno avrei dovuto cucinare, e fortunatamente per tutti si trattò di un giorno solo.

Capitolo 4

Ponte verso la libertà

*Proprio quando pensò che stesse arrivando la
fine del mondo – il bruco diventò farfalla.*

Edward Teller

Si dice che al momento giusto, il Maestro spirituale arriverà a noi. Non abbiamo bisogno di cercarne uno. Quando siamo pronti per ricevere una guida spirituale, il maestro appare nella nostra vita. Per ogni persona tale primo incontro è unico.

Ci sono molte storie interessanti che raccontano come le persone siano arrivate ad incontrare Amma per la prima volta. Ho sentito di un uomo che a Sidney, in Australia, mentre camminava presso un edificio dove si stava svolgendo un programma di Amma, vide le molte file di scarpe allineate e pensando che ci fosse una svendita di scarpe in corso, entrò per comprarsene un paio. Quando capì che non si trattava di una liquidazione di scarpe fu un po' deluso, ma prese un opuscolo su Amma, se lo mise in tasca e se ne andò.

Più tardi quel giorno sua moglie decise di lavargli i vestiti e prima di metterli in lavatrice controllò le tasche. Trovò l'opuscolo su Amma, lo lesse, e si incuriosì talmente che decise di andare ad incontrarla. Si recò al programma – e da quel momento divenne una sua devota.

Un altro uomo portò da Amma un amico. Erano entrambi discepoli di Neem Karoli Baba, un santo morto da parecchi anni. Dopo aver ricevuto il darshan, l'uomo chiese all'amico: "Che cosa ne pensi di Amma?".

L'amico rispose: "Beh, non è male, ma non è come il nostro vecchio maestro".

Quindi si sedettero tra la folla a poca distanza da Amma. Allora Amma prese una banana e gliela tirò: esattamente la stessa cosa che era solito fare il loro vecchio maestro! L'uomo cambiò opinione molto rapidamente.

Poco tempo fa una signora mi scrisse un email raccontandomi di alcuni suoi amici piuttosto anziani che aveva convinto ad accompagnarla ad incontrare Amma. Queste persone avevano acconsentito con riluttanza a partecipare al programma, ma successivamente le furono molto grate. Le raccontarono in seguito ciò che avevano guadagnato dall'incontro con Amma. L'uomo, di ottantanove anni, disse di aver trovato in Amma ciò che aveva cercato per tutta la vita... *vero* amore. E la moglie settantenne ammise di aver finalmente trovato un senso di pace e appagamento. Aveva incominciato a praticare regolarmente la tecnica di meditazione di Amma, e affermò con orgoglio di non aver mai saltato nemmeno un giorno di pratica.

A New York una donna raccontò come fosse venuta a conoscere Amma. Un senzatetto, incontrato per caso, l'aveva esortata a incontrare Amma e a ricevere il suo darshan. Quest'uomo possedeva solo una chitarra che una volta gli era stata rubata, causandogli grande turbamento. Era andato da Amma, le aveva confidato il proprio dolore e incredibilmente era tornato in possesso della chitarra. Non aveva che elogi per Amma, e raccontava alla gente quanto fosse meravigliosa. La donna ci riferì questa storia, e specialmente come l'uomo avesse insistito che lei andasse ad incontrare Amma.

Dovunque si rechi nel mondo, Amma spalanca le braccia per aprire il cuore della gente. Non forza mai nessuno ad avvicinarsi, le persone vengono attirate spontaneamente, e dopo qualche tempo possono scoprire il calore dell'amore che inizia a crescere dentro di loro.

A New York, gli enormi buttafuori dall'aspetto truce che lavoravano nella sala, con il procedere dei programmi incominciarono ad avere un'aria più tranquilla. L'ultimo giorno, uno di loro, osservando Amma, dichiarò: "Dite al vostro boss di fermarsi qui almeno un'altra settimana. Abbiamo davvero bisogno di lei qui!".

A Los Angeles, una guardia di sicurezza dell'hotel mi avvicinò durante l'ultimo giorno di programma. Aveva gli occhi un po' lucidi e disse: "Mi mancherete davvero quando ve ne andrete; mi abbracci per favore…". Essendo una monaca, lo schivai in fretta, rispondendo che anche a noi sarebbe mancata Los Angeles, e che gli abbracci non erano la *mia* specialità!

Ogni anno prima del tour degli Stati Uniti, Amma dà a tutti i residenti di Amritapuri un darshan personale nella sua stanza. Durante questo incontro le persone hanno l'opportunità di parlare privatamente con Amma. Per la maggior parte di loro la possibilità di sedere sole con Amma e di parlare di ciò che vogliono, anche se solo per pochi minuti, è il momento più saliente dell'anno. È un'opportunità che sta loro estremamente a cuore.

Nel 2006, dubitavo che Amma sarebbe riuscita a concedere queste udienze private ai residenti dell'ashram. Quell'anno avevamo trascorso ben nove mesi in viaggio. Ci eravamo spostati dall'estremità meridionale dell'India fino al nord, guidando per due mesi lungo strade sconnesse, una carovana composta da sette pullman e vari altri automezzi. Dal nord dell'India ci eravamo poi recati in Australia, Singapore e Malesia. Eravamo tornati all'ashram per soli tre giorni prima di volare a New York per un evento di un paio di giorni. La sera stessa del nostro rientro in India, Amma condusse un enorme programma pubblico. Alcune persone si preoccupano dei malesseri associati al cambio di fuso orario, ma noi non abbiamo nemmeno il tempo di pensarci! Proseguimmo poi per un'altra serie di programmi nel sud dell'India. Amma ritornò all'ashram solo per qualche giorno prima di ripartire per il tour degli USA. In quei primi sei mesi dell'anno, finimmo col trascorrere all'ashram soltanto due settimane.

La nostra scaletta di viaggio ci aveva tenuti lontani dall'ashram per un periodo così lungo che non riuscivo a immaginare come in soli quattro giorni Amma avrebbe potuto inserire tutti quei darshan privati nella sua stanza. I residenti dell'ashram sono oltre tremila e sembrava impossibile che avrebbe trovato il tempo di incontrarli tutti. Io ero convinta che avrebbe posposto questi darshan; quando le persone me lo chiedevano, dicevo loro di non aspettarsi di incontrare privatamente Amma ancora per qualche mese. Come avrebbe potuto vedere tutti in così pochi giorni? Ma prima che me ne rendessi conto, Amma aveva già incominciato i darshan privati.

Nella maniera che le è tipica, diede il via ai darshan nel pieno della notte, dopo essere ritornata da programmi pubblici in cui aveva dato il darshan ad almeno centomila persone.

Rimase alzata tutta la notte per incontrare individualmente i residenti. Amma è abituata a stare sveglia tutta la notte, ma in questo caso si trattava del suo tempo *libero*. Dopo aver incontrato tutti gli ashramiti, Amma riuscì anche a dare il darshan ai residenti dei suoi altri ashram in India, ai devoti che lavorano nelle sue scuole, all'AIMS e nelle altre istituzioni.

Per dare il tocco finale, fui scioccata nel sentire che Amma aveva all'improvviso organizzato un giorno di darshan pubblico

proprio alla vigilia della nostra partenza per il tour americano. Una volta che inviti migliaia di persone, è molto difficile farle ripartire immediatamente. A me sembrava davvero troppo, ma Amma era felice di avere un'ulteriore opportunità per dare il suo massimo. In quello che avrebbe dovuto essere il giorno di riposo prima del viaggio, rimase seduta per quindici ore filate a dare il darshan. Il programma finì alle prime ore del mattino: noi partimmo per l'aeroporto quello stesso pomeriggio. Come al solito, ovunque ci si trovi, anche all'aeroporto ci fu per Amma un'altra sessione di darshan.

In transito nello Sri Lanka, mentre alcuni di noi finalmente riuscirono a riposare un po', Amma trascorse la maggior parte del tempo con i brahmachari che stavano costruendo le case post-tsunami per la gente del luogo. Amma diede loro consigli sul lavoro e l'opportunità di trascorrere del tempo con lei, come aveva già fatto con gli altri residenti. Mi sbalordisce che Amma continui a donare tanto di se stessa a tutti, al massimo delle sue capacità, per quanto fitti siano i suoi impegni quotidiani.

In viaggio verso gli USA, ci fermammo in Giappone per un programma di tre giorni. Amma menzionò diverse volte di sentirsi stanca, e di non capirne la ragione. Io invece avevo un'idea ben precisa del perché si sentisse esausta!

Dopo aver parlato con una ragazza che era arrivata dall'America per partecipare a quel programma, all'improvviso ebbi una brillante idea. Questa ragazza mi aveva detto di aver visto sull'aereo che i comodi sedili della prima classe si inclinavano fino a diventare orizzontali. Sapendo che Amma non riesce mai davvero a dormire in aereo, pensai che forse avremmo potuto usare i nostri "buoni-miglia" accumulati con le molte ore di volo, e farci mettere in prima classe, in modo che Amma potesse recuperare un po' del riposo arretrato. Le persone a cui ne parlai pensarono che fosse una bellissima idea, e quindi procedemmo e prenotammo tre posti in prima classe.

Ero pronta a giustificare questo cambio di classe con diverse ragioni. Non avremmo mai avuto l'opportunità di utilizzare i buoni-miglia accumulati, avevamo bisogno di un supplemento-bagagli e Amma avrebbe potuto riposare durante il volo. Quando andai da Amma per comunicarle quello che avevo disposto, ella sintetizzò la sua reazione al cambiamento in poche parole. Con fermezza replicò: "Amma NON sale su quell'aereo se è in prima classe!".

Detesto ammetterlo, ma dopo lo shock iniziale, mentre mi stavo allontanando da Amma, per qualche secondo si fece udire in me una vocina che diceva: "Vedremo chi la vince!". Era un pensiero davvero stupido considerato che avevo a che fare con Amma.

Ritornai dalla persona incaricata delle nostre prenotazioni e le riferii il messaggio di Amma. Siccome era sera tarda e saremmo partiti il pomeriggio seguente, decidemmo che era troppo tardi per qualunque iniziativa, e che avremmo dovuto aspettare di arrivare all'aeroporto il giorno seguente. Pensando che senz'altro Amma non aveva parlato seriamente, in segreto speravamo che a quel punto sarebbe stato troppo tardi per cambiare nuovamente la prenotazione e che avremmo *dovuto* rassegnarci a volare in una comoda prima classe.

Quando arrivammo all'aeroporto, il giorno dopo, mi recai allo sportello per iniziare la procedura di check-in, sperando che Amma avesse dimenticato la conversazione della sera prima. Le nostre grosse valigie erano tutte allineate per il check-in. Andai da Amma che stava dando l'ultimo darshan ai devoti e le chiesi di venire al banco per finire la procedura.

Amma mi ricordò chiaramente che NON sarebbe salita sull'aereo se avesse dovuto viaggiare in prima classe. Vedendo il guaio in cui mi trovavo, incominciai leggermente a sudare. Tuttavia, notai alcuni devoti molto felici, i residenti dell'ashram in Giappone, eccitati al pensiero che Amma potesse fermarsi con loro un po' più a lungo. Mi precipitai allo sportello e spiegai all'impiegata che avevo fatto un grosso errore, supplicandola di retrocederci di classe. Temevo che i devoti americani mi avrebbero fulminata se Amma non fosse arrivata in tempo per il primo programma.

Fortunatamente fummo in grado di riavere i nostri posti originari. Tornai di corsa da Amma per dirle che non eravamo più in prima classe, e chiederle di presentarsi al check-in. Amma acconsentì con un sorriso, e si diresse al bancone.

Mezz'ora dopo, Amma mi spiegò con semplicità di *dover* dare l'esempio a tutti noi. Se viaggiasse nel lusso, le persone che all'ashram la prendono a modello, vorrebbero fare lo stesso. Il modo in cui Amma vive la sua vita e compie ogni azione ci fornisce sempre un esempio perfetto.

Durante un'intervista, qualcuno fece ad Amma questa domanda: "Amma ha raggiunto un grande successo. Come ha fatto?".

Amma rispose: "Innanzitutto, bisogna essere un esempio. Se si dà l'esempio in modo autentico, gli altri lo seguiranno, ma deve essere una cosa spontanea".

Una ragazza mi ha confidato alcune parole preziose che Amma le disse un giorno che si sentiva triste. Amma ammise che a volte viaggia in auto soltanto per risparmiare qualche dollaro, perché nella sua vita ha visto enorme sofferenza. Affermò che a volte siede anche venti ore al giorno a dare il darshan, immersa nel fango insieme a tutti noi, per cercare di tirarcene fuori. Noi siamo come fiori ricoperti di fango e con pazienza lei ci ripulisce. Alcuni fiori sono molto belli. Amma disse a questa ragazza che era un bellissimo fiore, e che fin dalla sua infanzia Amma aveva trascorso molto tempo a ripulirla con grande cura, così che anche lei potesse diventare un esempio e riflettere il messaggio di Amma al mondo.

Amma dice che questi fiori sono molto preziosi ma, ignorando il proprio valore o ritenendosi insignificanti, a volte si tuffano di nuovo nel fango. Amma, però, con pazienza continua a tirarci fuori, e cerca di ripulirci.

Spinta dalla sua infinita compassione, Amma viene a noi, ci eleva e ci dà forza. Potrebbe scegliere di rimanere in uno stato elevato di beatitudine, ma preferisce sacrificare se stessa per il bene dell'umanità.

Capitolo 5

Umiltà nella semplicità

*Se cominci a pensare di essere una persona di una certa
importanza, prova a farti ubbidire dal cane del vicino...*
Proverbio Internet

Per le celebrazioni di *Amritavarsham 50* a Cochin nel 2003,
erano previsti quattro giorni di eventi. L'ultimo giorno,
prima del programma principale, ci recammo sul palco e
Amma, dopo aver guardato la poltroncina che era stata finemente
decorata per lei, mi disse: "Togli il drappo". Quel tessuto non le
piaceva perché aveva dei ricami dorati lungo il bordo e le sembrava
troppo ricercato. In svariate occasioni Amma ha sottolineato che
preferisce che per lei vengano usati tessuti semplici, per risparmiare
denaro e anche per dare agli altri un esempio di semplicità. Io ero
terrorizzata al pensiero di dover smontare il tutto sotto lo sguardo
di centinaia di migliaia di persone e di cercare di trovare un tessuto
comune per ricoprire la poltroncina, e nel giro di pochi secondi!

"Amma, *ti prego*, c'è soltanto un po' d'oro sui bordi!", la
supplicai.

Fortunatamente per me, Amma si rese compassionevolmente
conto della situazione in cui mi sarei trovata se avessi dovuto
cercare qualcos'altro con cui ricoprire la sedia all'ultimo minuto
e così, con riluttanza, acconsentì a sedersi. Io mi sentii davvero

sollevata. In qualsiasi luogo e situazione ci si trovi, Amma insiste a chiarire con l'esempio i suoi insegnamenti.

L'umiltà è la qualità di cui abbiamo più bisogno per trovare pace e armonia nel mondo. Soltanto quando saremo interiormente umili ci potrà essere anche l'armonia esteriore. Le guerre e la violenza che vediamo oggi hanno tutte avuto inizio nella mente. Un pensiero emerge nella mente e viene in seguito tradotto in azione. Quella stessa azione potrà espandersi e causare estrema violenza. Prima di poter esaurire tutte le negatività interiori e diventare davvero compassionevoli, è indispensabile innanzitutto un atteggiamento umile.

L'ego ci segue come un'ombra. Ma quando la nostra fronte tocca il suolo, l'ombra non c'è. L'umiltà è la spada che può decapitare l'ego, l'egoismo in noi. È impossibile sradicare completamente l'ego; è presente in tutti. Ma se ci sforziamo con umiltà, la grazia di Dio scorrerà senz'altro verso di noi, e una parte di ego potrà essere lavata via.

Da soli non saremo mai in grado di distruggere l'ego; per raggiungere l'umiltà necessaria a trascendere l'ego e le *vasana* abbiamo bisogno della guida di un Maestro spirituale. Con l'atteggiamento giusto, dovunque ci troviamo nel mondo, la grazia del Maestro ci aiuterà a superare le nostre vasana; non avremo necessariamente bisogno di trovarci alla sua presenza fisica.

Quando il nostro ego inizierà a sciogliersi, cominceremo a diventare umili, e questa umiltà ci permetterà di ricevere la grazia. A quel punto saremo in grado di comprendere il significato più profondo delle parole e delle azioni del Guru. Questa è la ragione per cui Amma dice che abbiamo bisogno di umiltà. Per riuscire a capire davvero il senso di ciò che il Guru dice e fa, è necessario, infatti, mantenere la prospettiva di un principiante.

A questo mondo, gli esseri più sublimi sono sempre stati i più umili e i più semplici. Ricerche condotte tra le compagnie di maggior successo e tra i dirigenti che le hanno portate ai vertici del mondo degli affari, hanno rivelato che, contrariamente alle aspettative, i manager più affermati erano in verità persone molto tranquille e riservate, spesso addirittura timide. Non egocentriche, ma persone sincere e normali che lavoravano sodo.

Paragonata a loro, la maggior parte dei dirigenti di compagnie di minor successo e di stato inferiore, possedeva un ego smisurato. Questi amministratori si attribuivano tutto il merito dei buoni risultati, incolpando sempre gli altri degli eventuali bassi rendimenti dell'azienda.

In contrasto, i leaders più umili erano sempre pronti ad attribuire il loro successo a fattori esterni e, quando le cose non andavano bene, ad assumersene la piena responsabilità.

Amma è diventata uno dei più grandi esempi del trionfo dell'umiltà. Proveniente da un ambiente semplice, nonostante la scarsa istruzione scolastica, si è fatta strada nel mondo fino a diventare uno dei dirigenti di maggior successo, a capo di un'organizzazione umanitaria riconosciuta a livello internazionale in costante espansione. Amma è la manager per eccellenza, e guida migliaia di persone nel lavoro umanitario, con enorme compassione, umiltà, pazienza e sincerità. Non ha l'esigenza di essere apprezzata o di ricevere encomi per le sue imprese, ma desidera soltanto servire l'umanità, alleviare la sofferenza, essere di aiuto ai poveri e ispirare ognuno di noi a condurre una vita retta.

Spesso è stato chiesto ad Amma se abbia mai preso in considerazione l'idea di entrare in politica. Lei generalmente ride e risponde che non ha alcun desiderio di trovarsi alla guida di qualcosa. Vuole essere soltanto una spazzina, ripulire la nostra mente, eliminare la sofferenza e la povertà e servire il mondo. Mentre la maggior parte di noi è impegnata a costruirsi un'immagine,

Amma ci ricorda l'importanza del coltivare l'umiltà. La sua natura modesta è talmente autentica che noi ci sentiamo ispirati a unirci a lei nei compiti più umili e smettiamo di preoccuparci di fare carriera.

Per Amma nessun compito è indegno. La sua incredibile umiltà spesso la porta a essere la prima a partecipare a lavori che altri sono riluttanti a svolgere.

Nel 2004, dopo due giorni di programma a Durgapur, eravamo in partenza per Calcutta. Amma chiese a un brahmachari se l'area in cui si era svolto il programma era stata ripulita. Egli rispose affermativamente, ma nell'allontanarci in auto, Amma notò che sul suolo erano rimasti ancora molte cartacce e piatti fatti di foglie. Fermò l'auto, scese, e incominciò a raccogliere l'immondizia. Ovviamente ciò ispirò immediatamente le cinquecento persone che partecipavano al tour a unirsi al lavoro. Con l'aiuto di tutti, il terreno fu ripulito in fretta, e la spazzatura bruciata. Quando è necessario, Amma non esita mai a esortarci a compiere l'azione giusta.

Recentemente nel 2007, verso la fine di un programma nel Tamil Nadu, Amma insistette che le persone che viaggiavano con lei andassero a ripulire il terreno e aiutassero a smantellare le strutture temporanee che erano state erette per il programma. I devoti furono felici di farlo, e rimasero molto sorpresi quando i poliziotti in servizio al programma si unirono al lavoro. Amma ha la capacità di ispirare qualsiasi persona a partecipare ad azioni utili.

Prima di allora, la polizia non aveva mai collaborato, ma questi ufficiali erano stati profondamente toccati da Amma, e tanto colpiti dal lavoro dei devoti, che vollero anch'essi dare una mano. A causa del particolare ruolo che rivestono, spesso consideriamo le forze di polizia come persone molto diverse da noi.

Ma di fronte ad Amma tutte le differenze scompaiono fondendosi nel suo amore materno.

Alla fine di un programma pubblico a Madras, due donne poliziotto che avevano accompagnato Amma a far visita alla casa di un devoto, le chiesero il permesso di parlarle in privato per qualche minuto. Una di loro cominciò a confidarsi con Amma con gli occhi pieni di lacrime. Le raccontò la sua triste storia. In passato aveva perduto il bambino che aspettava, e al quinto mese della gravidanza successiva fu investita da un autobus e costretta ad abortire di nuovo. Adesso aveva difficoltà a concepire e desiderava la benedizione di Amma. Amma asciugò con dolcezza le lacrime della donna e le proprie, e le promise che avrebbe fatto un *sankalpa* per lei.

Fu poi la volta della seconda poliziotta. Ella raccontò ad Amma i suoi molti problemi familiari, tra i quali le violenze e le botte che subiva dal marito. Era talmente triste e depressa che stava contemplando il suicidio. Amma la abbracciò, facendole promettere che non avrebbe mai fatto una cosa simile, e le offrì qualche consiglio per aiutarla ad affrontare la situazione. Alla fine del loro colloquio con Amma, le due donne si asciugarono gli occhi, indietreggiarono e lasciarono entrare nella stanza altre persone, perché raccontassero anch'esse i propri problemi. Dopo aver riacquisito il controllo sulle proprie emozioni con qualche respiro profondo, le due donne poliziotto lasciarono la stanza.

Mentre eravamo di partenza, una delle due donne mi prese un braccio e sottovoce mi ringraziò di cuore. Io non avevo fatto niente, ero rimasta semplicemente vicino ad Amma, testimone silenziosa del suo amore traboccante e pieno di compassione. Dopo aver visto queste donne e i poliziotti che ci avevano aiutato precedentemente alla fine del programma, la mia prospettiva sulla polizia è davvero cambiata. Non vedo più soltanto l'uniforme, ma ho capito che dietro ci sono persone che desiderano e hanno bisogno dell'amore di una madre e di qualcuno a cui confidare i propri problemi, proprio come chiunque altro.

Sebbene non abbia nient'altro da raggiungere in questo mondo, e nessuno potrebbe mai contestarle il diritto di prendersi un po' di riposo, Amma non è mai inattiva. Quando non dà il darshan, per la maggior parte della giornata legge ogni lettera che le arriva. Nel suo tempo libero offre consigli a chi sta affrontando dei problemi o ai responsabili delle istituzioni gestite a suo nome.

Ci sono migliaia di persone che in giro per il mondo si occupano di attività di servizio per Amma. Sebbene svolgano il loro lavoro con molto entusiasmo, spesso manca loro l'esperienza pratica, e Amma le guida regolarmente. Si potrebbe pensare che quando non conduce programmi o dà il darshan, Amma si riposi, ma generalmente trascorre il tempo incontrando persone, consigliandole sulla linea migliore da seguire, o dando suggerimenti per telefono. Raramente si prende un attimo di riposo.

Quando arriviamo ai programmi in India, di solito seguo Amma fuori dall'auto e le cammino a fianco, perché la folla è molto impulsiva ed è una buona idea starle vicino per proteggerla, anche se veramente sono io ad aver bisogno di stare vicino ad Amma in modo che lei possa proteggere me! Può sembrare che mi stringa ad Amma per impedirle di cadere, ma in verità è il contrario. Le sto vicino in modo che sia io a non cadere (in senso letterale e figurato...).

Una sera arrivammo a Trivandrum per un programma. I devoti con molto entusiasmo avevano messo ad Amma delle ghirlande di fiori attraverso i finestrini della macchina, mentre procedevamo lentamente lungo la stretta stradina che portava all'ashram. L'auto era piena di ghirlande. Quando arrivammo, Amma raccolse alcune delle ghirlande di fiori che erano ai suoi piedi e le mise sul sedile con le altre, e poi le spostò tutte insieme.

Io la guardavo sistemare le ghirlande chiedendomi cosa stesse facendo, mentre fuori una folla in fermento la stava aspettando.

Solo quando uscii dall'auto, capii che Amma aveva sistemato le ghirlande in modo che io avessi lo spazio per uscire dopo di lei. Avrei potuto spostarle facilmente io, ma Amma si era presa il disturbo di farlo per me. Il gesto di considerazione di Amma fu una grande lezione in umiltà. Dovrebbe essere il discepolo a servire il Guru, ma con Amma in verità le cose vanno al contrario – è lei sempre impegnata a servire noi.

Dopo essere uscite dall'auto, camminammo lungo il sentiero delimitato da panche di legno sulle quali erano disposte grandi lampade a olio accese. La folla si trovava dietro le panche, una pessima soluzione, perché non riusciva a controllarsi e si sporgeva cercando di toccare Amma.

Lei disse alla folla allineata di fare attenzione alle lampade a olio e di non spingere, e si assicurò che tutte le persone situate immediatamente dietro alle lampade non corressero il rischio di bruciarsi.

Alla fine della fila, c'era un folto gruppo di persone che aspettava l'arrivo di Amma all'interno dell'edificio. Con tutta l'agitazione del momento, il devoto che avrebbe dovuto svolgere l'arati ad Amma non riusciva ad accendere la canfora e allora Amma, madre piena di premure e sempre pronta ad aiutare, l'accese lei stessa, in modo che il devoto potesse completare la cerimonia tradizionale.

Amma si preoccupa sempre per tutti. Quando arriva sul luogo di un programma, si guarda immediatamente attorno per assicurarsi che tutti abbiano trovato un posto a sedere. Non vuole che la gente si sieda sotto la pioggia o il sole. A volte chiede che vengano smontati sbarramenti o cartelli che bloccano la visuale dei devoti. Spesso dice ai cameramen di sedersi in modo che tutti possano vedere.

Amma dà sempre la precedenza ai bisogni degli altri. All'inizio di un *satsang* a volte si scusa se non c'è posto a sedere per tutti. Invece di cercare di apparire come un'ottima e saggia oratrice, Amma è la personificazione delle infinite attenzioni di una madre compassionevole. È in grado di fare molte cose contemporaneamente. Mentre riceve la folla durante il darshan, si concentra anche sulle necessità di coloro che aspettano, assicurandosi che ricevano dell'acqua e che non debbano aspettare sotto il sole, se possibile. A volte annuncia al microfono di fare attenzione agli oggetti personali di valore, per assicurarsi che i ladri che si muovono furtivamente tra la folla non rubino niente.

Il senso pratico ci aiuta a superare le difficoltà della vita spirituale, e Amma ce lo insegna attraverso esempi quotidiani. Una volta, durante il darshan, una persona si sentì male e stava per vomitare; Amma svuotò il piatto del *prasad* che aveva vicino e lo diede al devoto, in modo che potesse rigettarci dentro. Non le venne nemmeno in mente, come invece forse sarebbe successo a noi, di considerare il piatto troppo sacro per raccogliere del vomito. Amma è sempre estremamente pratica e premurosa nei confronti degli altri.

Un vero Maestro non ci chiede mai di abbandonare tutto, ma ci insegna a prendere solo ciò che basta a soddisfare i nostri bisogni. Amma cerca di educarci a condividere e aprire il nostro cuore agli altri. Questo atteggiamento di condivisione ci rende più compassionevoli e accelera davvero la nostra crescita. Tutte le pratiche spirituali hanno lo scopo di aiutarci a risvegliare l'amore che abbiamo dentro. Anche coloro che non svolgono alcuna pratica spirituale tradizionale ma hanno imparato a condividere le difficoltà degli altri, provano una certa pace grazie al loro comportamento altruista.

Una volta, ci trovavamo nella sala d'aspetto di un aeroporto in attesa dell'imbarco e io avevo dato ad Amma del tè. Lei mi disse di servire del tè anche agli *swami*, che stavano aspettando in un'altra area. Io feci notare che senz'altro qualcuno ci aveva già pensato, ma Amma insistette; voleva infondere in me l'idea di pensare agli altri prima che a me stessa in ogni situazione. Per quanti impegni abbia, Amma non pensa mai ai propri bisogni, ma dà sempre la precedenza agli altri. Tutta la sua vita è dedicata al servizio del mondo.

C'è una storia vera che illustra il valore della considerazione dei bisogni altrui. Presso una stazione di lanci spaziali, un gruppo di circa settanta scienziati lavorava intensamente dalle 12 alle 18 ore al giorno. Con l'avvicinarsi della data del lancio, tutti si sentivano sempre più tesi per la pressione dei loro orari. Il capo li spronava a lavorare sodo, ma tutti erano molto leali nei suoi confronti e non avevano la minima intenzione di abbandonare il progetto.

Una mattina, uno degli scienziati andò dal capo, disse di aver promesso di accompagnare i figli a una mostra che si svolgeva in città, e chiese il permesso di lasciare l'ufficio alle cinque e mezza del pomeriggio. Il direttore acconsentì. Lo scienziato incominciò a lavorare e si concentrò molto per tutta la giornata. Quando infine controllò l'ora, convinto che fosse arrivato il momento di andare, fu sconcertato nell'accorgersi che erano gia le otto e trenta di sera.

Deluso per aver perso l'opportunità di portare i figli all'esibizione, andò a cercare il boss per dirgli che stava tornando a casa, ma non lo trovò da nessuna parte. Si sentiva molto colpevole per la mancata occasione di trascorrere del tempo con i figli, che avevano aspettato quel momento con tanta anticipazione.

Quando arrivò a casa tutto era tranquillo e non c'era traccia dei figli. In cucina trovò la moglie e le si avvicinò con passi felpati, pensando che fosse infuriata con lui. Con sua gran sorpresa, la moglie gli sorrise teneramente e allora l'uomo si azzardò a chiedere dove fossero i bambini. La moglie lo guardò sorpresa. Gli disse che il suo capo era arrivato alle cinque e un quarto a prendere i figli e portarli all'esibizione.

Si scoprì che il direttore era passato dall'ufficio dello scienziato alle cinque. Vedendolo così immerso nel suo lavoro, capì che non gli sarebbe stato facile interromperlo, e non volendo che i bambini perdessero la mostra, decise di accompagnarli lui stesso. La coppia fu davvero felice di scoprire quanto il capo del marito fosse gentile, premuroso e intelligente.

Questo episodio si verificò qualche anno prima che quel sollecito capo diventasse il Presidente dell'India: il Dott. Abdul Kalam.

Trascorriamo gran parte della nostra vita a compiere azioni per noi stessi, e raramente dedichiamo del tempo a pensare agli altri. La maggioranza di noi fa una vita molto attiva, ma raramente porta a termine qualcosa di davvero significativo. Amma ci ispira a cercare di superare il nostro egoismo e a diventare sinceramente altruisti nel pensiero e nell'azione.

Capitolo 6

La vera felicità

Elogi e critiche, guadagni e perdite, piacere
e dolore vanno e vengono come il vento.
Per essere felici,
siate come un imponente albero in mezzo ad essi.

Buddha

In tempi lontani, il Re di Spagna una volta disse: "Ho governato per cinquant'anni nella vittoria e nella pace. Amato dai miei sudditi, temuto dai nemici, e rispettato dagli alleati. Ricchezze e onori, potere e piacere sono stati ai miei comandi. Nessuna benedizione terrena sembra essermi mancata. Nonostante ciò, i giorni di felicità pura e genuina che ho diligentemente contato, per quanto strano possa sembrare, ammontano solo a quattordici…".

Esattamente come questo sovrano, la gente va alla ricerca del meglio in ogni cosa per tutta la vita, ma non necessariamente è felice anche se raggiunge tutto quello che desidera.

Una volta, durante un ritiro negli Stati Uniti, ci trovavamo in un hotel di lusso dove ogni letto contava ben cinque cuscini. Poiché volevo dormire sul pavimento, mi misi alla ricerca di una coperta nei vari cassetti dell'armadio e sapete che cosa trovai nel primo cassetto che aprii? Un ennesimo cuscino! Non riuscivo a credere che per qualcuno cinque cuscini non bastassero. Se per sentirci soddisfatti crediamo di aver bisogno di determinate cose, allora non raggiungeremo mai l'appagamento.

Ho letto un'intervista a una celebrità, che ha detto: "Abbiamo tutti in comune la sensazione di mancare di equilibrio. La maggior parte delle persone ha un ardente desiderio di felicità e pace, ma ben poche raggiungono quello stato. Nessuna persona o cosa ci può donare questo senso di calma interiore... solo una forza superiore può riempire un simile vuoto. Sono convinto che sopra di noi ci sia un essere più elevato. Se venissimo lasciati a noi stessi, saremmo destinati al caos".

Siamo davvero fortunati ad avere una guida spirituale come Amma che ci può indicare dove risieda la vera felicità.

Amma spesso dice che nel mondo d'oggi tutti vogliono essere dei re pur essendo interiormente solo dei mendicanti. Se continuiamo a chiedere l'elemosina, moriremo da mendicanti; ma se impariamo a donare, diventeremo dei re. Nella vita, dovremmo cercare di trasformarci da mendicanti a re – interiormente, non soltanto a livello esteriore.

La gioia che proviamo in compagnia di un Santo non ci viene donata dal Santo, ma nasce dal nostro cuore. È come il bocciolo di loto che si apre meraviglioso, diffondendo all'alba il suo profumo. Il sole è soltanto la causa apparente dello sbocciare del fiore. Dal loto non emerge niente che non sia già parte di esso. In modo analogo, alla presenza di un'anima illuminata, affiora la gioia contenuta in noi.

L'amore è profondamente nascosto nel cuore di ognuno. Amma spesso dice che in ogni cosa dovremmo cercare di vedere il lato positivo, perché anche i fiori di loto sbocciano dal fango e dall'acqua stagnante. Quando diventiamo pieni di compassione, incominciamo a vedere ogni altra cosa come parte del nostro Sé, e in quello stato il nostro cuore trabocca d'amore.

È garantito che colui che non conosce la natura della vita dovrà soffrire tanto. Ma chi ha capito la sostanza del mondo riesce ad accettare ogni avvenimento con un sorriso, e niente ha un effetto negativo su di lui. Se siamo alla ricerca soltanto degli oggetti esteriori, saremo infelici sia ottenendoli sia non ottenendoli. La felicità non si può trovare in qualcosa di esterno, ma deve provenire da dentro.

Alla morte della moglie, dopo ben settant'anni di matrimonio, un novantaduenne con seri problemi di vista dovette trasferirsi in una casa di riposo. Il giorno del trasloco, ben vestito, sbarbato e pettinato con cura, stava seduto nell'atrio della casa di riposo, aspettando pazientemente di essere accompagnato nella sua nuova camera e quando l'assistente gli disse che la stanza era pronta gli sorrise teneramente. Mentre si dirigeva con il girello verso l'ascensore, l'impiegato gli descrisse la sua nuova stanzetta, inclusi i mobili e il colore della tende alla finestra. "L'adoro", replicò l'uomo con l'entusiasmo di un bambino che ha appena ricevuto in regalo un nuovo cagnolino.

"Signor Smith, non l'ha ancora nemmeno vista; aspetti a dirlo".

"Questo non c'entra niente", rispose. "La felicità è qualcosa che si decide in anticipo. Il fatto che la stanza mi piaccia o meno non dipende dal modo in cui sono disposti i mobili – ma dal modo in cui io dispongo la mia mente. Ho già deciso che mi piacerà. È una decisione che prendo ogni mattina quando mi sveglio. Ho una scelta: posso trascorrere la giornata a letto facendo un rapporto dettagliato delle difficoltà causatemi dalle parti del corpo che non funzionano più, oppure alzarmi ed essere grato per quelle che funzionano. Ogni giornata è un dono e finché i miei occhi continueranno ad aprirsi, mi concentrerò sul nuovo giorno e su tutti i ricordi felici che ho conservato proprio per questo periodo della mia vita".

Nonostante tutta la conoscenza, la ricchezza e i successi che possiamo accumulare, se non ci sta a cuore il bene del mondo, tutto ciò che abbiamo collezionato diventa inutile. Tuttavia ciò non significa che non si debba cercare di fare qualcosa nella vita.

Una ragazza mi ha raccontato di essere stata a lungo confusa dopo aver ascoltato degli insegnamenti spirituali sulla futilità delle attività materiali. Aveva smesso di fare cose che aveva sempre amato, come scrivere poesie e dipingere, ma infine i sui dubbi vennero chiariti. Amma le disse che la creatività non è un ostacolo alla vita spirituale. Possiamo fare tutto ciò che davvero vogliamo, ma tenendo sempre a mente che niente in questo mondo esterno ci potrà rendere davvero felici.

Un *brahmachari* assegnato a una sede distaccata dell'ashram nel nord dell'India ha raccontato le proprie esperienze di un recente viaggio sull'Himalaya. Era soddisfatto della vita all'ashram, ma ritenendo di avere una mente sufficientemente salda, decise di recarsi in una foresta dell'Himalaya a meditare e compiere *tapas*. Una volta arrivato nella giungla, scoprì che le cose stavano diversamente; non solo non riusciva a trovare alcuna quiete, ma nella sua mente incominciarono ad affiorare molti sentimenti e pensieri, tanto da spaventarlo. Così lasciò la foresta e si trasferì sulle colline ai piedi delle montagne, in compagnia di altri yogi, pensando che la situazione sarebbe migliorata.

Ma quando vide lo stile di vita di alcuni di loro, la sua idea di vita spirituale nell'Himalaya andò in mille pezzi. I *sadhu* facevano il primo pasto alle sette del mattino e il secondo alle quattro del pomeriggio. Mangiavano a sazietà, e dopo pranzo dormivano. Si sedevano in gruppo fumando *bidi* e *chilum*, parlando di Vedanta. Alcuni finivano col litigare tra loro perché in disaccordo su qualche punto. Il brahmachari raccontò di non aver incontrato nessuno *yogi* che parlasse con devozione di Dio, e che si comportasse affettuosamente con gli altri. Generalmente tutti si evitavano, temendo di dover mostrare ospitalità e offrire una tazza di tè, riducendo così le proprie risorse economiche.

Le sue esperienze rispecchiarono ciò che Amma spesso dice del Vedanta, che non deve essere semplicemente un argomento di conversazione, ma uno stile di vita.

La mente non sa rimanere immobile; ci saranno sempre dei pensieri a disturbarci. La mente ci seguirà ovunque, dai picchi dell'Himalaya alle foreste più fitte. Ci perseguiterà sempre, non c'è scampo. Invece di cercare soltanto di placare la mente, Amma ci consiglia di lavorare anche per il mondo. Il brahmachari commentò di sentirsi molto più felice dopo aver ricominciato a svolgere qualche servizio di volontariato. Si accorse che le persone attorno ad Amma erano molto più altruiste della maggior parte degli yogi che aveva incontrato vivendo sull'Himalaya.

Un gruppo di studenti fece una domanda al grande filosofo Aristotele: "Maestro, lei ha insegnato per decenni e scritto molti libri. Per favore, ci dica in poche parole qual è lo scopo della conoscenza".

Aristotele rispose: "Il significato, lo scopo della conoscenza è contenuto in una parola sola – servizio".

Qualche mese fa ho sentito Amma che parlava con un ospite in visita all'ashram. Ecco le sue parole:

Non mi dispiace se i miei figli vogliono trascorrere tutto il loro tempo meditando, oppure se vogliono soltanto lavorare, purché non siano pigri. Possono lavorare sodo se vogliono e se, invece, preferiscono meditare, che lavorino almeno un poco ogni giorno per guadagnarsi il cibo. E che lavorino un po' di più per guadagnare dieci rupie che possano andare al mondo. Questo è tutto ciò che chiedo. Non dovrebbero dipendere dagli altri per la propria sussistenza.

Anche se non ci sentiamo troppo inclini alle pratiche spirituali, possiamo però lavorare, perché questo è tutto ciò che Amma ci chiede. Nessuno è inadatto per Amma; lei accetta tutti.

Un ragazzo giapponese particolare si recò in India con un gruppo di ottanta studenti che ogni anno aiutano a costruire case gratuite per i poveri. Questo ragazzo soffriva di paralisi cerebrale, e a causa della sua disabilità fisica era costretto su una sedia a rotelle. Aveva un intenso desiderio di contribuire come gli altri studenti, specialmente perché le case erano destinate alle vittime dello tsunami, ma sfortunatamente la maggior parte del lavoro richiedeva intensi sforzi fisici, come il trasporto manuale di materiale edile, e quindi per lui impossibile.

Infine si trovò una soluzione. Indossò un guanto nella mano più abile, cui venne legato un pennello. Muovendo il braccio fu in grado di dipingere i muri delle case, e nessuno si preoccupò che la pittura finisse non solo sui muri, ma schizzasse ovunque! Nonostante lavorasse sotto il sole cocente, il ragazzo era felice.

In seguito commentò: "Sapete, per tutta la vita gli altri mi hanno sempre servito. Finalmente ho trovato il modo per aiutare qualcun altro. Sono sicuro che se Amma fosse nel mio corpo, vorrebbe in ogni modo lavorare sodo". Fu entusiasta di aver finalmente avuto l'opportunità di servire.

La nostra felicità risiede nella felicità altrui. Alcune persone credono di poter essere felici sfruttando gli altri, ma si sbagliano. Possiamo trovare la vera felicità soltanto cercando di essere utili agli altri, sacrificando il nostro interesse per il loro bene. Se riusciamo ad agire con amore e a sacrificarci per gli altri, sperimenteremo vera pace e gioia. Un lavoro svolto per il bene dell'umanità rende la nostra vita benedetta.

Capitolo 7

Il potere dell'amore

*Le antilopi camminano sempre in coppia per potersi
soffiar via a vicenda la polvere dagli occhi.*

Proverbio africano

L'amore tra il Guru e il discepolo è il più puro che si possa trovare a questo mondo. È un amore molto profondo, perché il Guru ama senza aspettarsi niente in cambio. L'unica aspettativa del Guru è quella di condurre il discepolo nel regno della Verità suprema attraverso il sentiero della grazia.

Nel nostro mondo, gli altri tipi di amore hanno raramente questa caratteristica. L'amore che la maggior parte di noi ha provato è limitato, soggetto a condizioni, spesso basato su aspettative implicite, e generalmente costellato di delusioni. Persino un bambino innocente ama la mamma nella speranza di ricevere da lei il nutrimento del suo latte. L'amore di chiunque ha attaccato il cartellino del prezzo. Ma Amma pensa che ci dovrebbe essere almeno un posto nel mondo in cui l'amore è altruistico, gratuito, senza aspettative. Ecco perché Amma è qui tra noi.

Durante un programma serale negli Stati Uniti, il traduttore chiese ad Amma se voleva tradotti i consueti insegnamenti sull'amore. Amma rispose di sì, e rise, intuendo che il traduttore era forse un po' stanco di ripetere giorno dopo giorno gli stessi contenuti sull'amore. Amma disse che lei, invece, non si stanca *mai* di parlare dell'amore. Per lei, l'argomento dell'amore è sempre fresco e nuovo, perché Amma ne sente continuamente la pienezza. Per lei, "amore" non è una mera parola, ma un'esperienza eternamente appassionante. Disse al traduttore di non sottovalutare mai il potere dell'amore, cosa che purtroppo la maggior parte di noi fa spesso.

Il potere dell'amore, dell'anima, esiste all'interno di ognuno. La missione di Amma è risvegliare quel potere infinito per ora inespresso: le qualità materne delle persone – uomini e donne – l'amore e la compassione. Il puro amore ha la capacità di creare una straordinaria trasformazione, sia nell'individuo, sia nel mondo.

Una giornalista che cercava una storia emblematica sugli animali fu stupita nell'incontrare una donna, in passato schiava dell'eroina, che si era innamorata di un cane randagio. La donna si era resa conto che avrebbe dovuto disintossicarsi per potersi prendere cura in modo adeguato dell'animale. Assunse l'impegno di correggersi e si liberò dalla droga: in questo modo salvò il cane e il cane salvò lei.

I giornalisti spesso chiedono ad Amma di descrivere che cosa rappresenti per lei l'abbraccio che dona alla gente. Amma risponde: "È un'esperienza molto pura. Vedo nelle persone un riflesso di me stessa. Quando le guardo, divento loro, e sento i dolori e le gioie che portano in sé. Ci incontriamo sul piano dell'amore".

Quando Amma dà il darshan, agisce come un catalizzatore, e ci aiuta a sperimentare la nostra natura più vera e profonda. Abbiamo bevuto acqua stagnante per così tanto tempo che nel momento in cui assaporiamo dell'acqua pura proviamo una sensazione davvero rinfrescante. In Amma scorgiamo per un breve istante la nostra natura divina interiore.

Amma dice di non essere confinata solo in questo suo corpo alto un metro e mezzo. Dice che guardandoci dentro, scopriremo che lei dimora nel nostro cuore. È il Sé interiore nascosto in ognuno d noi. Poiché non siamo consapevoli di questa verità, ci sembra che Amma non sia sempre con noi. Amma è presente in ogni istante, vicinissima: è il nostro stesso Sé.

La maggior parte di noi si preoccupa soltanto di profitti e perdite materiali, ma il massimo guadagno che possiamo avere nella vita è l'amore. Tutte le varie pratiche spirituali che svolgiamo hanno lo scopo di risvegliare l'essenza assopita dell'amore che giace dentro di noi, sepolta sotto tutte le nostre preferenze e avversioni.

Proprio come un ragno può rimanere catturato dalla tela che ha tessuto lui tesso, anche noi possiamo restare intrappolati nella ragnatela dei desideri che intessiamo. Ci rinchiudiamo nel nostro piccolo universo privato che non è altro che *maya*. Soltanto un'anima illuminata può estrarci da questa aggrovigliata tela di nostra creazione.

C'era una volta un uomo che aveva un grande amore per Amma. Ma Amma vedeva dentro di lui ciò che nessun altro era in grado di percepire, ovvero il suo pesante fardello di ferite profonde. Sapeva che qualcosa lo tormentava costantemente. L'uomo confidò ad Amma che molto tempo prima uno dei suoi figli si era suicidato, e di non riuscire a dimenticare. Tuttavia, semplicemente amando Amma, questa ferita miracolosamente guarì. Amma gli consigliò di dimenticare il passato, che è un assegno annullato. Come il medico prescrive la medicina giusta per curare la malattia del paziente, altrettanto Amma offre ad ognuno di noi esattamente ciò di cui abbiamo bisogno per la guarigione del cuore.

Amma ama allo stesso modo tutti gli esseri del creato. Una sera, all'ashram, Amma ebbe la sgradevole sensazione che una delle mucche non stesse bene. Le sembrava che non avessero mangiato abbastanza e che una di loro fosse affamata. Telefonò al brahmachari responsabile della stalla e gli chiese se tutte le mucche avessero mangiato. Lui rispose di sì. Ma Amma continuava ad avere la sensazione che qualcosa non andasse, e andò quindi a controllare.

Arrivata alla stalla, riempì di cibo un contenitore e lo mise di fronte a uno dei vitellini, che lo mangiò tutto. Vedendo quanto fosse affamato, Amma ne chiese il motivo, e allora il brahmachari si ricordò improvvisamente che la madre di quel vitellino era morta, e che un altro brahmachari, incaricato di questo vitello, era stato assente dall'ashram per tutta la giornata; nessun altro si era ricordato di dare da mangiare al vitellino. Ma non Amma. Ella aveva capito che il vitellino era affamato senza che nessuno glielo avesse detto.

Amma racconta che ai vecchi tempi, la madre aveva un legame d'amore talmente profondo col figlio che, quando il bambino aveva fame, anche se era lontano, il suo seno cominciava a gocciolare, e lei capiva che era ora di allattarlo. Oggigiorno, il legame d'amore non è altrettanto forte.

Il mondo è colmo di egoismo. L'amore delle persone è pieno di aspettative, perché esse non si rendono conto di dove si trovi la vera sorgente dell'amore. Sempre alla ricerca di qualcosa dall'esterno, trovano che tutti i tentativi sono vani e le lasciano infelici, insoddisfatte e vuote. Vedendo la sofferenza di così tante persone, Amma prova una compassione infinita e quindi cerca di liberarle da questa condizione.

Una volta qualcuno chiese ad Amma: "Come posso amare di più me stesso?", e Amma rispose: "Se amiamo gli altri e sviluppiamo buone qualità, saremo in grado di amare noi stessi". Anche quando non siamo capaci di amare gli altri, Amma ci consiglia per lo meno di fare lo sforzo di non arrabbiarci con loro, di non provare odio nei confronti di nessuno, anche se può non essere facile.

Amare Amma è semplice, ma dobbiamo cercare di mostrare anche agli altri lo stesso amore che proviamo per lei. Se non riusciamo a voler bene a qualcuno, è generalmente perché non l'abbiamo compreso; cercare di capire le circostanze sfortunate della vita delle altre persone rende più facile amarle.

Amma dice che se comprendiamo e assimiliamo correttamente la vera essenza della spiritualità, la compassione, l'amore e la sollecitudine per gli altri incominciano a manifestarsi in noi. Solo quando inizieremo ad amare, saremo in grado di provare e vivere il vero amore.

Durante una sessione di domande e risposte con Amma, qualcuno chiese: "Se Amma è onnisciente, non dovrebbe essere in grado di capire tutte le lingue?". A me sembrò piuttosto maleducato alludere al fatto che Amma fa uso di un traduttore, e insinuare che Amma dovrebbe conoscere fluentemente l'inglese. La domanda mi disturbò un po', ma Amma non ne fu minimamente turbata. Non lo è mai.

La sua risposta, immediata, fu meravigliosa. "Onniscienza significa conoscenza e comprensione di ciò che è eterno, e a quel livello di coscienza il linguaggio è l'amore".

Non ci fu più bisogno di dire altro.

Mentre ci trovavamo in Spagna durante il tour europeo del 2006, vedemmo un ragazzino con la sindrome di Down che aveva imparato a suonare le *tabla* ad Amritapuri. Amma fu felice di rivederlo, lo invitò a salire sul palco durante il programma serale e a suonare durante i *bhajan*.

Fu incantevole vedere questo ragazzo suonare accanto ad Amma. I molti artisti di valore che partecipano ai programmi di Amma raramente sono invitati a suonare con lei, ma in ben due occasioni Amma chiese affettuosamente a questo ragazzo di suonare l'accompagnamento. Ad ogni canto Amma si girava per sorridergli e incoraggiarlo, e lui le sorrideva radioso. Per la meditazione alla fine del programma, Amma gli fece segno di sedere con lei sul *pitham*, e poi lo fece camminare di fronte a sé attraverso la folla verso la sedia del darshan. Sebbene il ragazzo non capisse il linguaggio di Amma, comprendeva sempre esattamente quello che lei gli chiedeva di fare. Attraverso la comunicazione dell'amore, capire le parole non è necessario. I figli comprendono sempre il cuore della madre.

Amma è fluente nel linguaggio dell'amore, e sta cercando di insegnarlo anche a noi. Ci ricorda spesso che anziché innamorarci, uno stato che spesso si riduce a semplice infatuazione, dovremmo *diventare* amore. È l'amore a renderci coraggiosi, disinvolti, influenti e davvero liberi. La gente ha compiuto molte imprese incredibili nel nome dell'amore. Grazie ad esso, si accede a una forza e a un potenziale infiniti.

Nel 2002, una famosa donna americana, volendo offrire un regalo al Presidente sudafricano Nelson Mandela, gli chiese cosa desiderasse per il suo Paese. Egli rispose semplicemente: "Mi costruisca una scuola". Qualche anno dopo, dall'arido terreno di Soweto, vicino a Johannesburg, sorse una struttura multimilionaria, una scuola per ragazze svantaggiate costruita come regalo d'amore. I semi di una nuova generazione erano stati piantati.

La fondatrice della scuola proveniva da un ambiente povero e oppresso, e per questa ragione volle dare alle nuove generazioni l'opportunità di sfuggire allo stesso triste destino. Volle che la ragazze avessero ciò che a lei era mancato, sapendo che sarebbero diventate le leader di domani. Il suo regalo d'amore è stato di beneficio a molte giovani, e ha donato a lei la gioia di rendersi conto che la sua vita ha dato frutto. La gente spesso le chiede perché non abbia mai avuto figli, e lei risponde che, scoprendo dentro di sé un amore disinteressato, si è resa conto di non sentire il bisogno di avere figli propri, ma piuttosto di voler aiutare ad allevare quelli degli altri.

Ristrutturando la propria casa, un signore giapponese ebbe una profonda rivelazione. Mentre stava demolendo un muro, trovò una lucertola con una zampa trafitta da un chiodo. Esaminandolo più da vicino, si accorse che probabilmente il chiodo risaliva a dieci anni prima, all'epoca della costruzione della casa, perché da allora non erano stati fatti altri lavori. Chiedendosi come avesse fatto una lucertola a sopravvivere così a lungo senza muoversi, l'uomo si sedette a contemplarla. Non riusciva a immaginare come fosse riuscita a procurarsi il cibo per tutti quegli anni. Ma ecco apparire all'improvviso un'altra lucertola con del cibo in bocca e offrirlo a quella intrappolata. Scioccato, l'uomo realizzò che questa seconda lucertola aveva probabilmente nutrito la sua compagna per dieci anni. Tale era stato il potere dell'amore.

Mentre venivano ultimati i piani superiori dell'edificio del tempio ad Amritapuri, i residenti dell'ashram partecipavano al *seva* dei mattoni per aiutare a completare la struttura. Davamo una mano ai muratori fornendo loro tutto l'occorrente, trasportando, cioè, mattoni e altri materiali edili per diversi piani.

Normalmente, salendo le scale senza portare alcun peso, ci fermavamo a metà strada per riprendere fiato, chiedendoci se avremmo avuto la forza di arrivare in cima. Ma durante il seva riuscivamo a trasportare per ore e ore su per le scale almeno un paio di pesanti mattoni a ogni viaggio. Era il miracolo della grazia di Amma a darci la forza di portare quei pesi e di ripetere numerose volte il tragitto. L'amore dona la forza di sopportare qualsiasi fardello.

Un mese prima che l'Uragano Katrina colpisse gli Stati Uniti, Bombay fu devastata dall'alluvione, e prima ancora lo tsunami distrusse le coste dell'India, causando migliaia di morti. In questi frangenti, centinaia di migliaia di persone si trovarono in difficoltà, bisognose di cibo e vestiario, e furono in tanti ad aprire il proprio cuore per assistere chi aveva bisogno d'aiuto. Alle vittime venne preparato e servito del cibo: nessuno soffrì mai la fame. Ogni volta che in India si è verificata una calamità naturale, dalle inondazioni ai terremoti, le persone si sono prese cura le une delle altre.

Nello stato del Punjab nel nord dell'India, due treni si scontrarono nel cuore della notte. L'intero villaggio si svegliò per portare soccorso. Tutti i contadini accesero i trattori e puntarono i fari verso il luogo dell'incidente, per far luce ai soccorsi. I sopravvissuti tremavano di freddo, e allora i contadini sacrificarono i propri preziosi covoni facendone dei falò per riscaldarli.

Si allestì un ospedale in un tempio vicino. Il capo del villaggio incaricò una squadra di persone di prendersi cura del denaro e degli oggetti di valore dei feriti e di fare l'inventario dei loro averi. Non una rupia andò persa o rubata. Il villaggio agricolo aveva una popolazione di qualche migliaio di persone, eppure queste riuscirono a fornire cibo ogni giorno per oltre una settimana a cinquantamila persone. L'amore e la compassione furono la risposta spontanea che superò tutte le barriere di casta e di credo.

Anche se non tutti siamo in grado di compiere atti tanto eroici, cerchiamo almeno di comportarci con amorevole gentilezza verso chi ci sta vicino. Tutte le azioni possono diventare atti di amore altruista se nascono dall'innocenza e vengono offerte in modo sincero senza attaccamenti o aspettative.

Un giorno, un uomo molto anziano venne all'ashram per ricevere il darshan. Doveva avere per lo meno novant'anni. Avvicinandosi ad Amma disse con molta serietà: "Amma se ti capitasse di aver bisogno di *conoscenze influenti*, fammelo sapere, perché mio padre faceva il cuoco a casa di un politico molto importante. Basta che tu me lo faccia sapere, e potrò darti una mano qualche volta!".

Sia il padre di quest'uomo che l'uomo politico erano certamente morti da tempo, visto che lui stesso era vecchissimo. Ma quella era l'unica cosa che poteva offrire ad Amma, e lo fece con un cuore colmo d'amore.

Anche solamente con un piccolo gesto, dovremmo tutti cercare di aiutare gli altri per quanto possibile. La nostra vita è come un'eco – quello che doniamo ci torna indietro. Se diamo amore, senz'altro ne riceveremo.

Capitolo 8

Miracoli della fede

Quando arriverai alla fine di ogni luce conosciuta
e giungerà il momento di addentrarsi nelle tenebre
dell'ignoto, aver fede significa sapere che a quel
punto o ti verrà dato qualcosa di solido su cui
appoggiarti, oppure ti si insegnerà a volare.

Edward Teller

La fede è intangibile, come l'amore. Le qualità della fede sono indescrivibili, e tuttavia rappresentano il fondamento stesso della vita. Sebbene la nostra fede possa essere rafforzata da eventi miracolosi, essa non dovrebbe però dipendere da tali esperienze.

Dio non ha bisogno della nostra fede; siamo noi che abbiamo bisogno della Sua grazia.

Una volta, il cognato di Amma tornò nel paese dov'era nato a trovare la madre, ma lei, per qualche motivo, si rifiutò di parlare con lui. Non capendone la ragione, l'uomo si recò in un tempio e nel sancta sanctorum pregò la *Devi* con queste parole: "Non so perché mia madre non voglia parlarmi. Mi sento molto triste".

Nello stesso istante, sua moglie era in visita all'ashram e suo figlio stava giocando con Amma. Amma disse al ragazzino: "Oh, poverino il tuo papà, è tanto addolorato. Sta pregando la Devi nel tempio perché la sua mamma non gli parla. Digli di non essere triste".

Più tardi quel giorno, tornati tutti a casa, il bambino riferì le parole di Amma al padre, che rimase sbalordito, poiché non aveva menzionato a nessuno la sua preghiera. A quei tempi egli non aveva molta fede in Amma, e allora discusse dell'episodio con la moglie, che sorridendo gli assicurò che per Amma non era una cosa straordinaria essere a conoscenza della sua preghiera alla Devi nel tempio. Lentamente, ulteriori esperienze con Amma, la sua divina cognata, lo condussero al punto da non poter più dubitare della sua divinità.

Quando Amma era adolescente e iniziava a compiere i primi "miracoli", non volle mai dei riconoscimenti. Se la gente sosteneva che avesse fatto qualcosa di grandioso realizzando un miracolo, Amma diceva: "Non si può creare qualcosa che già non esista".

Amma afferma che il vero miracolo è la trasformazione della mente, il conseguimento della pace mentale.

Per rafforzare la nostra fede, Amma può a volte esaudire dei desideri. Ci sono innumerevoli esempi di aspirazioni accordate ai devoti, ma Amma vuole che superiamo questo stato di insensato desiderare. Per Amma, impartirci qualche lezione spirituale è di importanza fondamentale.

Una massaggiatrice che vive ad Amritapuri aveva lasciato la professione prima di incontrare Amma perché si sentiva sopraffatta dall'enormità del dolore delle persone, un dolore che chiaramente penetrava molto più in profondità del mero livello fisico. Pensava che con i massaggi non avrebbe potuto aiutare il suo prossimo fino al giorno in cui non avesse saputo donare vero amore. Capì che solo Amma era in grado di infondere in lei la profondità dell'amore puro che cercava da tutta la vita.

Fin dal primo istante aveva desiderato prestare servizio ad Amma massaggiandola. Un giorno sentì due devote che parlavano proprio di massaggiare Amma. Chiese loro se sarebbe stato mai possibile anche per lei, ma scuotendo la testa esse dichiararono che non era una cosa realizzabile. Scherzando, una di loro le consigliò di provare a chiederglielo lo stesso, ma di aspettarsi da Amma una risposta del tipo: "Sì, un giorno o l'altro te lo chiederò". La donna ci rimase male, pensando di essere troppo impura per servire Amma in questo modo.

Una settimana dopo nell'auditorium dell'ashram si svolse una recita natalizia. Amma era seduta su una poltroncina, circondata dai residenti dell'ashram, e guardava il programma. La ragazza notò che Amma si toccava il collo come se le dolesse, e pensò che quella fosse l'occasione perfetta per massaggiarla. La massaggiatrice che era in lei non sopportava di veder soffrire Amma, sapendo di poterle essere d'aiuto.

Pregò Amma che le consentisse di cercare di alleviare il suo dolore. Pregò che Amma le desse un segno: le chiese mentalmente di voltare il capo a destra se desiderava che si avvicinasse e la massaggiasse.

Amma immediatamente si girò a destra. Sentendo una scossa di eccitazione, pregò ancora: "Amma, scusami, ma forse è stata soltanto una coincidenza. Voglio davvero venire ad offrirti l'unica cosa che so fare, ma non sono sicura se è il caso di rendermi ridicola davanti a tutta questa gente, quindi per favore dammi un altro segno. Girati ancora una volta a destra". Ancora una volta Amma si voltò immediatamente.

A questo punto la donna era davvero nervosa: non riusciva a credere a quello che stava succedendo. Iniziò a dubitare e a temere un'umiliazione pubblica. "Perché non ho suggerito un segno più esplicito, meno banale? Va bene, Amma, vengo, ma ho bisogno di un ultimo segno, più chiaro. Per favore, solleva il braccio destro!". Senza esitazione, Amma sollevò teatralmente molto in alto il braccio destro per aggiustarsi la manica.

A quel punto la donna non ebbe più alcun dubbio – doveva veramente avvicinarsi ad Amma. Nonostante la paura, si alzò e si fece strada tra la folla. Tutti la guardavano in modo strano, chiedendosi perché si stesse dirigendo verso Amma. Arrivò di fronte a lei in preda al nervosismo. Amma sembrava leggermente stupita della sua improvvisa presenza. Si sentiva una stupida, ma sorrise comunque e chiese: "Amma, vuoi che ti massaggi le spalle?". Amma disse qualcosa ad alta voce in malayalam, e la ragazza immaginò che stesse probabilmente dicendo: "Neanche

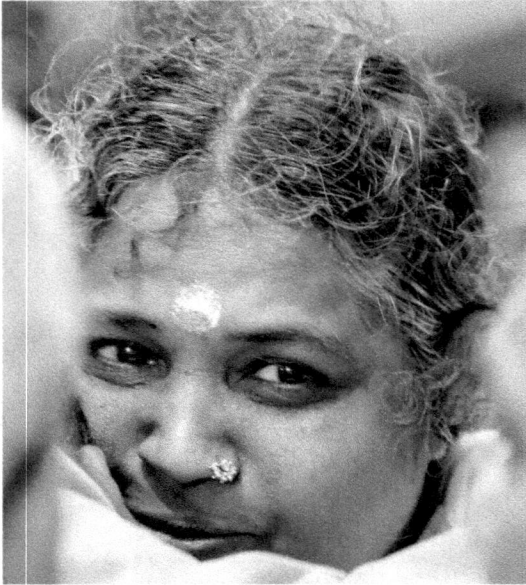

per sogno!", e quindi si voltò per andarsene.

Con un enorme sorriso, Amma la prese per il mento, la tirò a sé e le diede un bacio sulla guancia. La ragazza interpretò il gesto come un "... ma grazie lo stesso!".

Mentre si voltava per ritornare al suo posto, tutte le brahma-charini sedute vicino ad Amma dissero con entusiasmo: "Ha detto di sì, ha detto di sì!". La incitarono a mettersi dietro la poltroncina di Amma e a iniziare a massaggiarla.

In piedi dietro ad Amma, le sue mani generalmente competenti si paralizzarono sollevate in aria sopra le spalle di Amma. Pregò in silenzio: "Oh mio Dio! La Madre dell'Universo lascia che la massaggi. Com'è possibile? Non so come procedere. O Madre, in che modo vuoi che ti massaggi?".

In quel momento Amma si voltò ridendo e disse: "Premi!". Da quel momento lei cominciò le pressioni sulle spalle. Rimase lì durante la recita e massaggiò Amma con grande gioia. Ad un certo punto qualcuno si avvicinò per parlare con Amma, e la ragazza si distrasse. In quell'istante, Amma si voltò e le disse di tornare a sedere in sala. Lei trovò posto lì vicino, triste per aver perso la concentrazione, ma contenta perché il suo desiderio si era realizzato. Capì che si trattava di un prezioso insegnamento, dell'importanza di mantenersi concentrati sulla meta.

Nessuno riusciva a credere che Amma avesse permesso a questa nuova arrivata di massaggiarla, e per un tempo così lungo, ma lei sapeva che Amma aveva compassionevolmente risposto alle sue preghiere con questa rara benedizione, per aiutarla a continuare a servire gli altri senza lasciare inutilizzato il suo talento.

Qualche settimana dopo Amma le disse che l'unico modo per diventare puri è attraverso il servizio. Le consigliò di continuare a servire, anche se le sue intenzioni non erano ancora perfettamente altruistiche, perché in quel modo l'ego sarebbe diminuito. Questa ragazza è tornata a massaggiare e ha dedicato la sua vita a cercare di diventare uno strumento di puro amore attraverso il servizio. Quando ci rendiamo conto che Amma sente davvero i desideri del nostro cuore, la nostra fede aumenta.

Una ragazzina australiana era spaventata dall'operazione a cui si doveva sottoporre per l'estrazione di un dente del giudizio. La madre cercò di confortarla assicurandole che Amma le sarebbe stata accanto per tutta l'operazione, e la incoraggiò a visualizzare Amma nella forma del medico divino che eseguiva l'intervento. L'idea le fu gradita, e la ragazza si mise a canticchiare mentalmente *Mio dolce Signore* durante l'anestesia. Quelle parole le rimasero nella mente mentre perdeva conoscenza, col pensiero silenziosamente rivolto ad Amma.

Svegliandosi dopo l'operazione, fu sbalordita nel sentire la melodia di *Mio dolce Signore*. Pensò subito a un sogno, ma poi si rese conto di essere davvero sveglia. Guardandosi intorno con sorpresa, temette di avere le allucinazioni. Chiese al personale, e scoprì che la canzone proveniva dalla radio. Con grande delizia capì che Amma era realmente presente e si stava prendendo cura di lei.

Dopo un intervento, la sorella di un devoto si trovava ricoverata nel reparto di Terapia Intensiva di un ospedale dove riceveva tutti i giorni la visita di una dolcissima bambina. La sua presenza riempiva la donna di una gioia che le diede l'energia di riprendersi in fretta. La ragazzina l'accarezzava sulla fronte e le rimboccava le lenzuola. La donna pensava fosse la figlia di un'infermiera o di un altro paziente, ma quando chiedeva alla bambina come si chiamasse e da dove venisse, lei non rispondeva mai. Le fece visita tutti i giorni per diversi giorni, fino a quando la donna non fu dimessa dal reparto di Terapia Intensiva.

Uscendo dall'ospedale, la donna raccontò al fratello e agli infermieri di questa meravigliosa bambina che l'aveva aiutata a ristabilirsi. Gli infermieri risposero che i bambini non sono ammessi nel reparto di Terapia Intensiva, e che era impossibile che una bambina fosse entrata. Il fratello della signora andò da Amma e durante il darshan le raccontò tutta a storia. Amma si girò verso gli altri sul palco e con innocenza e uno sguardo di meraviglia sul volto, chiese: "Chi sarà mai stata quella bambina?".

Un uomo di Kodungallur raccontò il suo primo incontro con Amma. Gli era stata diagnosticata l'epatite, contratta diversi anni prima durante una trasfusione. Aveva provato vari trattamenti che si erano dimostrati inefficaci, e quindi aveva deciso di chiedere aiuto ad Amma.

Si recò al darshan e le chiese se poteva aiutarlo. Amma gli disse di procurarsi una particole qualità di *tulasi* e di portarglielo. Quando ritornò con il tulasi, Amma lo spremette con le sue mani, gliene diede da bere il succo, e l'uomo guarì dall'epatite.

La fede che Amma ispira in noi ci può aiutare a superare ostacoli che altrimenti potrebbero sembrare insormontabili.

Una donna uscì di casa per recarsi a un programma di Amma, ma decise di fermarsi lungo la strada per un drink. E siccome un bicchiere tira l'altro, alla fine si ritrovò piuttosto ubriaca. Si diresse verso il luogo del programma certa di aver perso l'opportunità di trascorrere del tempo con Amma, e infatti quando arrivò scoprì che le porte dell'edificio erano chiuse, poiché il darshan era terminato da un pezzo.

Nello stato mentale alterato in cui si trovava, decise di irrompere nell'edificio. Una volta dentro, si diresse verso la parte anteriore della sala, si sedette sul pitham di Amma e pianse copiosamente dal dolore, pentendosi della stupidità che le aveva fatto sprecare il tempo a bere. Si sentì una fallita e cadde a piangere sdraiata sul pavimento, proprio nel punto in cui Amma aveva appoggiato i piedi quella sera.

Il giorno dopo ritornò al programma e confessò ad Amma i fatti della notte precedente. Amma fu molto dolce e disponibile con lei, e la sua comprensione toccò profondamente la ragazza, che decise di non deludere mai più Amma. Prima di allora, aveva incontrato Amma diverse volte e le aveva confidato il suo problema con l'alcool. Amma l'aveva sempre confortata con compassione e amore profondo, senza mai rimproverarla. Da quel giorno, per grazia di Amma, la donna ha smesso di bere.

C'era una famiglia che ogni anno faceva visita all'ashram in India. Il figlio, di circa otto anni, bagnava ancora il letto: si trattava di un problema che lo imbarazzava profondamente. Per i genitori era una leggera seccatura dover cambiare di continuo le lenzuola, e ogni tanto lo prendevano in giro. Un anno, il bambino arrivò all'ashram, così turbato da questo problema che insistette per incontrare Amma nella sua stanza. Fece allontanare l'assistente personale di Amma in modo da potersi confidare privatamente con Amma. Non appena fu solo con lei, le prese una mano e se la appoggiò sull'inguine, chiedendo ad Amma di benedirlo affinché non bagnasse più il letto. Per la sorpresa, Amma fece un balzo e chiamò altre persone nella stanza. Ridendo di gusto, raccontò loro l'accaduto, sottolineando l'assoluta innocenza e fede del bambino.

Il giorno dopo, durante il darshan Amma raccontò la storia a tutti. Al ragazzino la cosa non spiacque, perché da quel momento in poi il problema scomparve difinitivamente. Spesso rievochiamo ancora l'episodio con il ragazzo, che adesso ha qualche anno in più, e che ormai ne ride insieme a tutti noi.

Avvicinandoci al Guru con innocenza, sincerità e cuore aperto, riceveremo consigli che ci guideranno sul sentiero giusto, anche se faremo qualche errore lungo la strada. Questo atteggiamento innocente ci aiuta anche a raggiungere un elemento di profonda pace e appagamento nella nostra vita.

Le persone generalmente si recano da un Guru con molti preconcetti. È difficile non avere aspettative, perché tendiamo a

giudicare il Guru con l'intelletto. Ma il livello di esistenza del Maestro è molto al di là di qualsiasi cosa possiamo comprendere intellettualmente. La fede, accompagnata dall'abbandono e dalla ricettività di un bambino, ci permetterà di arrivare a una comprensione più profonda.

Abraham Lincoln è l'esempio di una persona dotata di immensa fede e perseveranza. Nonostante perdesse regolarmente le elezioni, non si dava mai per vinto: continuò a ripresentarsi finché diventò il Presidente degli Stati Uniti. Grazie alla sua determinazione, alla fede e al duro lavoro, l'intera nazione trasse beneficio dal suo servizio. Nonostante fosse stato un perdente, raggiunse un successo mirabile. Per lui, il fallimento era solo un'opportunità implicita per migliorare.

Alcune persone perdono la devozione quando incontrano delle difficoltà. Questo tipo di fede non è davvero fondato sulla devozione, ma su qualche aspettativa. La vera fede deve essere costante e incrollabile. Soltanto così si può crescere spiritualmente.

Un uomo che viveva vicino all'ashram di Amma in India aveva una piccola attività che prosperava grazie all'afflusso di persone che si recavano all'ashram. Era colmo di gratitudine e devozione verso Amma per questo successo improvviso, ma quando poi inaspettatamente incontrò dei problemi e perse sia i buoni affari che la famiglia, anche la devozione svanì.

Una fede salda non può vacillare. Ci aiuta ad affrontare i momenti difficili e quelli in cui tutto va bene. Se perdiamo la fede, significa che non era mai stata autentica.

Amma spesso sostiene che se ci sforziamo, la grazia arriverà di sicuro. Questa è stata senz'altro l'esperienza di una ragazza sudamericana. All'età di nove anni le fu diagnosticata una malattia congenita agli occhi. I dottori l'avevano preparata al rischio di perdere completamente la vista entro i diciott'anni, e lei si angosciava per come sarebbe stata la sua vita se fosse diventata cieca. All'età di quindici anni incontrò Amma per la prima volta e le confidò il proprio problema. Amma le disse di non preoccuparsene più, e che si sarebbe presa cura di lei.

Quando finì la scuola, non era sicura di quello che le sarebbe piaciuto fare, e chiese consiglio ad Amma su quale carriera intraprendere. Amma le suggerì di provare a studiare medicina. Questo la sbalordì, perché non si era mai considerata abbastanza intelligente da imboccare una strada simile. Per tutta la vita aveva usato solo metodi naturopatici, e quindi l'idea la sconcertava. Ma Amma insistette che almeno provasse, e così, con piena fede si iscrisse alla facoltà di medicina dell'AIMS, in India.

A volte incontrava gravi ostacoli, specialmente a causa dell'enorme mole di studio che doveva svolgere e della sua vista debole. Un'altra difficoltà era data dal suo inglese imparato solo qualche anno prima, e che non le consentiva di comunicare adeguatamente con i professori o gli altri studenti.

In diverse occasioni, gli insegnanti la rimproverarono di fronte ai suoi compagni, commentando che era un follia che proseguisse in un corso di studi così difficile, duro persino per i ragazzi brillanti che capivano il malayalam. I professori le chiedevano come osasse, con tutti i suoi svantaggi, pretendere di tenersi al passo con gli altri studenti. Cercavano di convincerla a trasferirsi alla scuola per infermieri o alla facoltà di odontoiatria, considerate più semplici.

Completamente scoraggiata, andò a implorare Amma perché le permettesse di lasciare il corso di medicina. Ma Amma la guardò e disse: "Amma vuole che tu rimanga. Devi provare. Quando Amma ti ha detto di intraprendere questi studi, aveva in mente uno scopo ben preciso, quindi resta. Se ti sforzi, ce la farai".

Questo successe qualche anno fa. Le semplici parole di incoraggiamento di Amma le diedero la forza di resistere davanti a tutte le difficoltà. Ha superato gli esami con buoni voti, e grazie a ciò anche i professori hanno sviluppato fede in Amma.

A volte quando un Mahatma ci dice qualcosa, possiamo non capire l'esatto significato delle sue parole, ma se abbiamo un cuore e una mente aperti, prima o poi la comprensione giusta ci verrà rivelata.

Un residente dell'ashram doveva tornare al proprio Paese, e si recò da Amma per informarla della partenza. Amma replicò: "No, per il momento non parti". Qualcuno lo aiutava nella traduzione, ed entrambi cercarono di spiegare ad Amma che non le stava facendo un domanda, ma solo comunicandole che partiva. Ma Amma ripeté: "No, non parti". L'uomo era stupito. Non volendo discutere con Amma, se ne andò in preda alla confusione. Poco dopo scoprì che nella data di partenza stabilita non c'erano voli, e che il suo biglietto aveva ulteriori problemi: Amma, nella sua maniera divina, sapeva già tutto.

La visita alla città di Indore durante il tour del nord India nel 2006 ci riservò molte sorprese. Folle immense sfuggivano a ogni controllo, ma in tutto quel caos accaddero anche molte storie meravigliose a persone la cui vita cambiò per sempre. Per esempio, ho sentito la vicenda di una donna, in coma da tre mesi, che fu portata al darshan di Amma in barella. Due giorni dopo uscì dal coma e ritornò alla normalità.

La devota che aveva aiutato ad accompagnare tutti i disabili al darshan mi raccontò la sua storia. Allevava da sola ben tre figli. Da quando i suoi bambini avevano sentito parlare di Amma, un mese prima del programma, avevano cominciato ad innamorarsi di lei. Avevano smesso di ascoltare la radio o le colonne musicali dei film come al solito, e da mattino a sera non facevano che cantare i bhajan di Amma in hindi.

Volendo aiutare nella preparazione del programma, i bambini camminavano per chilometri affiggendo per tutta la città i manifesti che annunciavano l'arrivo di Amma, distribuendo volantini di informazioni, e recandosi presso gli istituti per disabili ad invitare i degenti al darshan. La ragazza, di quattordici anni e il fratello, di dieci, tennero degli incontri a casa propria per organizzare il trasporto delle persone al programma. Tutti aspettavano con ansia la visita di Amma.

La sera del programma la figlia indossò un sari colorato e una corona; reggeva la bandiera dell'India, a rappresentare *Bharata Mata* (Madre India), e precedeva Amma dandole il benvenuto lungo la breve passatoia fino al palco. La folla spingeva freneticamente, e la ragazzina si spaventò. Il caos continuò anche dopo che ci fummo seduti, e il palco si riempì di persone aggressive e incontrollabili che rifiutavano di allontanarsi. L'area intorno al palco, dove era ammassata una moltitudine di persone esagitate, era in una situazione ancora peggiore. Bharata Mata era in piedi sotto il palco in uno stato catatonico finché Amma non la afferrò e la portò in tutta fretta sul palco. Sebbene il posto fosse affollatissimo, la gente fece un po' di posto alla spaventata ragazzina, che era ancora sotto shock, con le lacrime che lentamente le rigavano il volto.

Col passare della serata, si passò da un caos assoluto a un caos leggermente più controllabile. Bharata Mata restò sul palco per tutta la notte. Quando più tardi ebbi l'occasione di parlare con lei, espresse la sua felicità – nonostante lo spavento causato dalla ressa – per aver incontrato Amma, ricevuto il suo darshan e aver trascorso tanto tempo seduta accanto a lei. Erano proprio le cose per cui aveva pregato, e tutti i suoi desideri si erano realizzati.

Se abbiamo desideri innocenti, un giorno Dio li esaudirà senz'altro. Un uomo dal nord dell'India venne all'ashram per qualche tempo. Poiché il giorno del suo arrivo il darshan non era in programma, decise di dare una mano in cucina. Desiderava intensamente ricevere il darshan di Amma, e pregò con tutto il cuore che un miracolo glielo permettesse. Scelse di digiunare finché non avesse visto Amma. Dopo aver lavorato diverse ore, andò a fare una doccia e a cambiarsi d'abito, e poi ritornò nelle vicinanze della cucina, nel caso avessero ancora avuto bisogno di lui.

All'improvviso, alcune persone arrivarono portando delle seggiole da collocare in camera di Amma per un incontro con ospiti importanti e membri della stampa. L'uomo si offrì di dare una mano. Salì le scale e depositò le seggiole nella stanza. All'improvviso la porta si chiuse alle sue spalle, ed egli si ritrovò alla presenza di Amma e di poche altre persone. Sbalordito ma estasiato, si sedette silenziosamente in un angolo.

Amma parlò con diversi ospiti e poi rispose ad alcune domande del giornalista, una delle quali riguardava i miracoli. Tutti i presenti se ne andarono dopo aver parlato con Amma e ricevuto il darshan. Nella stanza era rimasto soltanto lui. Amma lo chiamò e gli chiese da dove venisse. "Da Pune", rispose. Ammise di aver lavorato in cucina tutto il giorno e poi portato le sedie al piano superiore. Quando la porta si era chiusa, si era trovato bloccato nella stanza. Confessò di aver avuto un forte desiderio di incontrare Amma, sebbene sapesse che non era giorno di darshan. Amma aveva risposto alle sue preghiere.

Noi scoppiammo a ridere – ecco un miracolo che il giornalista si era appena lasciato sfuggire! Avevamo pensato che quest'uomo fosse un ospite di riguardo, e in tutta onestà, finì davvero con l'essere l'ospite più importante della giornata, perché lavorando tanto in cucina si meritò il darshan e la mela che Amma gli diede per rompere il digiuno.

Una signora australiana mi ha raccontato del suo desiderio ardente di venerare i piedi di Amma. Non voleva disturbare Amma chiedendogliene il permesso, ma allo stesso tempo non smetteva di pensarci. Quell'anno, mentre si trovava in Australia, Amma si recò in riva all'oceano con un gruppo di persone. La donna si ritrovò accanto ad Amma in una delle rare occasioni in cui Amma è circondata da poche persone. Rendendosi conto che Madre Natura stava rispondendo alle sue preghiere, si inginocchiò, e con il cuore colmo di devozione versò con delicatezza alcune manciate d'acqua di mare sui piedi di Amma. Il desiderio che aveva nutrito per tanto tempo si era infine realizzato.

Amma risponde a tutte le preghiere di un cuore innocente – persino del proprio! Durante la sua visita annuale a Calicut, le nottate sono molto lunghe. Una notte, Amma terminò il darshan e tornò nella sua stanza alle prime ore del mattino. I giorni precedenti non aveva mangiato molto, e perciò la sua assistente aveva avuto l'idea di mettere da parte un dolcetto per Amma – un *unniappam*. Dopo averlo mangiato, Amma disse di volerne un altro. L'attendente le rispose che non ce n'erano più, perché gliene aveva tenuto soltanto uno. Con l'atteggiamento di una bambina, Amma disse che era una bugia, perché *sapeva* che ce n'erano degli altri. La donna le assicurò che quella *era* la verità: gli unniappam erano finiti. Ma Amma non voleva crederci, ed entrò in cucina per cercarne uno.

Io mi trovavo in un angolo e riconobbi la sagoma di Amma che entrava in cucina. Riuscivo a malapena a vederla perché la luce era spenta ed era buio. La sua assistente la seguiva ripetendo: "Davvero, Amma, non ce ne sono più!".

Amma entrò in cucina, si diresse sicura verso il tavolo e allungò una mano nel buio. Tra la grande quantità di utensili e altri oggetti, afferrò un unniappam e disse: "Eccoti qui!".

Amma si allontanò felice. L'assistente ed io eravamo sbalordite che nel buio e tra i mille oggetti che si trovavano sul tavolo Amma fosse riuscita a trovare quello che cercava. L'assistente dovette rimangiarsi le parole, mentre Amma si mangiava il secondo unniappam. Era un'ulteriore prova dei poteri miracolosi di Amma, questa volta espressi in maniera semplice e concreta.

Capitolo 9

Grazia torrenziale

A volte vado in giro commiserandomi –
e intanto bellissime nuvole
mi trasportano in lungo e in largo per il cielo.
Detto degli Indiani d'America

Amma ha detto che tutti gli esseri umani possono crescere, evolvere e diventare Dio. Ognuno di noi ha la capacità di raggiungere il Supremo in questa vita, ma è bene ricordare che possiamo anche perdere tutto in un attimo. Proprio come un'ombra, la morte ci cammina sempre alle spalle, e come un ospite non invitato può entrare in punta di piedi e portarci via tutto. Ecco perché Amma dice che dobbiamo prepararci a ricevere la morte in qualsiasi momento e ad accoglierla con un sorriso.

Durante un affollato giorno di darshan in India, una donna anziana andò da Amma camminando con un bastone e le disse che desiderava lasciare il corpo.

Amma rispose: "La tua famiglia non sentirà la tua mancanza?".

"No. Amma per favore lasciami andare". Con riluttanza, Amma acconsentì, e un quarto d'ora dopo la donna si accasciò vicino all'ascensore e morì. Sebbene la morte sia generalmente considerata un evento triste, in quell'occasione tutti furono molto felici per lei, perché aveva ricevuto la benedizione di Amma e la grazia di andarsene così in fretta e senza soffrire. Il suo desiderio sincero era stato esaudito.

Amma lascia che alcuni vadano, ma può far rimanere altri. Una nuova residente dell'ashram di Amritapuri era stata un'infermiera negli Stati Uniti. Durante il suo primo viaggio all'ashram in India, si recò in tour a Calicut, nel nord del Kerala, per una serie di programmi molto intensi. Era deliziata di trovarsi per la prima volta in tour con Amma, perché aveva sempre sognato di viaggiare con lei in India.

Nel corso di un programma, Amma chiamò gli occidentali a sedere sul palco. A causa di un'artrite reumatica, questa signora fu costretta ad accomodarsi su una sedia e, non volendo bloccare a nessuno la vista di Amma, si posizionò sul bordo laterale del palco. Dopo un'ora di silenziosa concentrazione su Amma, inaspettatamente sentì la sedia rovesciarsi all'indietro, e poi capovolgersi. Mentre precipitava dal palco, ebbe la profonda intuizione che il suo corpo stava per morire. Cadde battendo la testa: ci fu un flash di luce abbagliante e poi l'oscurità.

Quando riprese coscienza, i medici del tour le gravitavano attorno, facendole domande cui lei non riusciva a rispondere. Esaminandola, uno di loro scoprì segni di una marcata tumefazione cerebrale, e un altro riferì che i riflessi erano assenti e il corpo esanime. La donna non riusciva a sentire il corpo; l'unico senso rimasto intatto era l'udito, e sentiva tutto quello che le succedeva intorno. Nel suo cuore cominciò a invocare Amma. Si ricorda di aver avuto un solo pensiero: "Amma, sono appena arrivata, ti prego, tienimi con te, non lasciarmi andare". I presenti raccontarono che le uniche parole che pronunciò furono: "Amma, Amma, Amma".

Improvvisamente, la donna si accorse che aveva lasciato il corpo e stava fluttuando verso l'alto, anche se ancora attaccata al corpo con una cordicella. Si librava nell'aria, ascoltando le grida

delle persone in basso, ma ormai riusciva a malapena a sentirle. Le sembrava di essere lontanissima e sapeva che stava morendo.

La misero su una barella e la portarono da Amma. Amma si chinò il più possibile in modo che la signora la potesse vedere in viso. Amma le mise le mani sul petto e le chiese come stava, le toccò la parte posteriore del cranio, esprimendo grande preoccupazione. Quando le mise una mano sulla fronte, gli occhi della donna si chiusero, e per quello che le sembrò un lungo tempo ebbe la sensazione di trovarsi in un luogo colmo di luce dorata e immerso nella pace più profonda. Poi Amma tolse la mano, la donna aprì gli occhi e si ritrovò di nuovo nel proprio corpo. Amma iniziò a baciarle il volto e le mani. Dopo qualche bacio Amma chiese: "Okay? Ne vuoi altri?", e ricominciò a baciarla.

Per la donna, Amma era come un medico che stava valutando la condizione della paziente, aiutandola a riprendere contatto con il mondo esterno. Poi Amma disse: "Una TAC, in fretta, in fretta!", e la donna fu portata d'urgenza all'ospedale. Oltre a un'emorragia esterna, l'esame rivelò un grave ingrossamento situato tra il cranio e lo scalpo. I dottori dissero che si trattava di un miracolo, perché simili rigonfiamenti in corrispondenza del cervello sono quasi sempre associati a danni cerebrali fatali.

Al pronto soccorso, la donna lentamente riprese le sue funzioni normali, e fu nuovamente in grado di parlare e muovere le mani. La rimandarono all'ashram di Amritapuri ingiungendole un riposo assoluto a letto per tre settimane. Periodicamente si recava al darshan di Amma, che, a modo suo, la visitava, ribadendole di riposare e di indossare un collare ortopedico. Dopo tre settimane, Amma le chiese se aveva dolori. Fu solo allora che la donna si rese conto che i dolori reumatici cronici erano svaniti. Sorridendo in modo birichino, Amma disse: "Magari tra qualche giorno togliamo il collare, vedremo…". Ai dottori la sua guarigione *sembrò* un atto di grazia, ma la donna *sapeva* che era stata soltanto la grazia di Amma a salvarla.

Sono innumerevoli i racconti di interventi tempestivi di Amma che hanno protetto i suoi figli da gravi sventure. Nel 2006, una devota dello Sri Lanka preparava ghirlande di fiori per Amma durante il programma di Perth, in Australia. La donna lavorò per tre giorni di seguito, rinunciando a volte anche al sonno. Come ricompensa per il suo impegno, fu invitata a inghirlandare Amma all'aeroporto, prima della sua partenza per la successiva tappa del tour. Con sua sorpresa, Amma si tolse la ghirlanda e gliela restituì, cosa piuttosto insolita. E subito dopo, Amma afferrò tra la folla la figlia della donna e cominciò a camminare con mamma e figlia. Lungo il percorso, prese per mano anche la nonna, e un po' più in là, anche il marito, abbracciandoli tutti e quattro con affetto. I presenti furono sorpresi nel vedere che Amma aveva riconosciuto i famigliari tra la folla, e li aveva riuniti, specialmente perché non erano mai stati al darshan insieme.

Qualche mese dopo, il marito ebbe un incidente lavorando in una miniera. Sepolto vivo in una cava per oltre sette minuti, lo estrassero dalle macerie e lo portarono all'ospedale privo di conoscenza. Le scapole e quasi tutte le costole erano rotte, e venne posto in coma artificiale per diverse settimane. I medici non erano certi che sarebbe sopravvissuto, e temevano che sarebbe comunque rimasto invalido.

L'intera città organizzò preghiere speciali per la sua guarigione e, con sorpresa generale, fu dichiarato quasi subito fuori pericolo. Per i medici, il suo miglioramento era inspiegabile. Soltanto mesi dopo la famiglia capì perché Amma li aveva scelti per quella speciale benedizione di gruppo.

Dopo la guarigione dell'uomo, il quotidiano locale si interessò alla sua storia. Egli dichiarò che sentiva di essere stato salvato dal sankalpa di Amma, e che Amma era già al corrente dell'incidente anche prima che si verificasse. Capì che il darshan di gruppo era stato in verità una benedizione che gli aveva salvato la vita, e per questo, lui e la famiglia sono eternamente grati ad Amma per averli tenuti uniti.

Una donna europea, all'ashram da tanto tempo, mi confidò una sua preoccupazione costante: non aveva il denaro per continuare a vivere all'ashram, ma allo stesso tempo non voleva tornare nel suo Paese per lavorare, desiderando restare all'ashram e servire Amma. Non raccontò il suo problema a nessun altro, ma pregò segretamente Dio perché trovasse una soluzione, non sapendo se l'avrebbe esaudita.

Un giorno Amma la chiamò e le disse di restare all'ashram anche senza soldi. Grazie a un atteggiamento di abbandono, le sue preghiere silenziose furono esaudite.

Una devota di Bangalore si stava ristabilendo dopo una grave operazione e non era in grado di sedere per terra. Durante la visita di Amma a Bangalore, la donna partecipò al programma e più tardi, quella sera, si recò nella sala da pranzo per la cena. Aveva in precedenza notato una sola sedia in tutta la sala, ed era quindi preoccupata di dover mangiare in piedi. Entrò e scoprì con sorpresa che la sedia era inutilizzata, anche se il locale era affollatissimo. La devota ebbe la sensazione che con questo piccolo gesto Amma stesse vegliando su di lei, tenendola per mano sulla strada della guarigione.

Quando ci impegniamo in uno sforzo sincero con un cuore innocente, riceveremo senz'altro un flusso della grazia. Una giovane studentessa che risiede all'ashram preparò ben due esami universitari durante un tour, nonostante lavorasse a tempo pieno alla boutique. Studiava nei momenti liberi e nelle condizioni più incredibili – in uno sgabuzzino, sotto il tavolo… – e sempre circondata da molte distrazioni. In seguito rimase sbalordita dai voti ricevuti proprio in quei due esami: i più alti di tutto il suo curriculum! A tutti questa sembrò la prova tangibile che la grazia proviene in modo naturale dai nostri sforzi.

Una brahmacharini che insegna presso l'Università Amrita ha confessato che, quando ritiene di conoscere l'argomento, la lezione non va mai bene. Quando invece si rende conto di non sapere davvero niente, subentra la grazia di Amma, e la lezione è un successo.

Il maggiore ostacolo a ricevere la grazia di Dio è l'attitudine di "io" e "mio". Quando riusciamo ad abbandonare l'alta opinione che abbiamo di noi stessi, possono succedere miracoli straordinari. Amma è l'esempio più evidente di ciò che accade quando si diventa davvero altruisti. Ogni sua azione è satura di divinità, e lei è la personificazione dell'amore e della compassione.

Un bambino di Bombay era solito tornare a casa dall'asilo ogni giorno con un fiore che deponeva sull'altare di fronte alla fotografia di Amma. Una volta arrivò con un fiore molto sporco, e sua madre gli disse di non metterlo sull'altare, ma lui rispose che ad Amma sarebbe piaciuto lo stesso. Non sapendo come replicare, la mamma tacque.

Più tardi quell'anno, mentre Amma era a Bombay per la sua visita annuale, il ragazzino si preparò per andare a incontrarla e confidò a sua madre di essere sicuro che Amma gli avrebbe restituito tutti i fiori che lui le aveva offerto.

Quando si recarono al darshan, il bambino rimase in piedi di fronte ad Amma, con la mano tesa. Amma prese una manciata di fiori e glieli riversò sul capo. Ma il piccolo continuava a tenere la mano aperta, e allora Amma afferrò degli altri fiori e glieli mise nella mano, richiudendola in modo che non cadessero. E poi gli disse: "Ecco qua! Abbiamo pareggiato il conto adesso?". Guardando di sottecchi la mamma, il bambino le sorrise, come per dire: "Visto? Te l'avevo detto!".

Amma dice che prova lo stesso affetto per tutti, ma a volte l'amore e la devozione innocenti di certe persone attirano la sua attenzione. Per Amma, la grazia è l'attrazione che la sua mente prova nei confronti di qualcuno.

Ci fu un'occasione in cui, osservando Amma, seppi con certezza che la sua grazia scorreva copiosa. Fu al termine di un programma di tre giorni a Trivandrum. Amma non aveva quasi mai riposato: a volte, tra il programma diurno e quello serale, c'era stata soltanto una pausa di un'ora.

Dopo l'ultimo darshan, erano previste quattro visite in case private. Era già mattina avanzata, e noi partimmo per queste visite a domicilio senza aver dormito. Proprio prima d'iniziare l'ultima visita, Amma accennò di sentirsi davvero stanca, ma che non poteva fare altro che procedere, avendo promesso di andare a trovare quei devoti.

Dirigendoci verso l'ultima casa, vedemmo un uomo anziano che stava aspettando con qualche altro devoto sul ciglio della strada. Erano lì per guidarci con la loro auto. Il volto di Amma si illuminò, vedendo che si trattava di un devoto di lunga data. Al nostro arrivo, gli uomini si precipitarono nell'auto ma qualche secondo più tardi ne uscirono per mettersi a spingere vigorosamente il veicolo che non voleva partire! Noi ridemmo a quella scena, preambolo alla visita a domicilio più memorabile.

Quando arrivammo a destinazione, fummo sommersi da un gran numero di persone che aspettavano l'arrivo di Amma. Si trattava di un quartiere molto povero, e popolato di persone molto devote ad Amma. Ci facemmo largo tra la folla, lungo il sentiero ricoperto di un tessuto bianco, steso per proteggere i piedi nudi di Amma. Giungemmo infine ad una casetta di legno.

La folla era traboccante di devozione, e tutti cercavano a gran voce di avvicinarsi ad Amma. Con qualche sforzo riuscimmo a destreggiarci e ad arrivare nella stanzetta della *puja* al centro della casa. Il devoto e la moglie fecero una *pada puja* ad Amma e le misero ai piedi un paio di sottili cavigliere d'oro. Straripavano di felicità, perché avevano accarezzato questo sogno per anni. Dopo aver eseguito una puja, Amma chiese notizie della salute dell'uomo. Come un bambino egli rispose: "Oh Amma, sono dieci giorni che non dormo pensando che saresti venuta!".

Durante le visite a domicilio, Amma generalmente si reca con la famiglia in una stanza appartata per una conversazione privata di alcuni minuti, ma in quella occasione vide che non c'erano altre stanze, perché la casa era poco più di una capanna. Amma si raccomandò che andassero a riposare, sapendo che la donna era diabetica e che il marito aveva da poco subito un intervento al cuore. Amma sapeva che erano stati svegli entrambi tutta la notte, e si preoccupava per loro.

La folla lì radunata stava aspettando con anticipazione il prasad di Amma. Invece di limitarsi a distribuire qualcosa, Amma decise di dare il darshan a ognuno di loro. La cosa mi sembrava alquanto inquietante, visto che c'erano più di cento persone e Amma era molto stanca, ma lei volle benedirli tutti individualmente. Noi ci trovammo spinti da tutte le parti dai devoti scatenati in attesa del darshan.

Io cercai rifugio vicino alla stanzetta della puja, a lato della folla, dove una donna in preda a una struggente devozione pregava tra le lacrime, raccontando a Dio tutti i suoi problemi. Sembrava disperatamente triste e molto devota. La nostra fotografa, commossa, le si avvicinò per dare un "darshan" alla donna. Voltandomi, fui sorpresa nel vedere che la stringeva a sé, asciugandole le

lacrime. Da un lato della stanza Amma stava velocemente dando il darshan a tutti, e tre metri più in là, nella cameretta della puja, la nostra fotografa abbracciava con calore questa donna. Trovarsi nelle vicinanze dell'amore travolgente di Amma può far sì che il nostro cuore straripi di compassione.

Alla fine del darshan, ritornammo alla macchina passando attraverso la folla. Partendo, pensai che Amma era probabilmente arrivata al limite della spossatezza, invece lei era estatica. Sorrideva beata e ogni traccia di fatica era sparita.

Disse: "È stato meraviglioso. Sono così felice di essermi recata in una casa così povera. Non possiedono quasi niente, eppure mi hanno donato queste cavigliere d'oro. Dovrei restituirgliele, ma in cambio possiamo dar loro del denaro".

Disse al brahmachari che guidava l'auto di assicurarsi che l'ashram si facesse carico di tutte le loro spese mediche, e di procurar loro tutto ciò di cui potessero aver bisogno. Vedevo che il cuore di Amma traboccava di compassione e preoccupazione per questa anziana coppia. Più tardi, durante il viaggio, Amma continuava a pensare a loro e ripeté al brahmachari di non dimenticarsi di aiutarli, aggiungendo: "Spero che adesso riescano a riposare, so che non hanno dormito e ho paura che la loro salute ne risenta".

Anche se lei stessa aveva dormito solo qualche ora nei giorni precedenti, Amma si preoccupava del sonno e della salute dei suoi figli. Era evidente che la mente e il cuore di Amma erano attratti da quelle persone in virtù della loro innocente devozione. Sentivo che la grazia di Amma scorreva verso di loro.

Spesso riteniamo che si debba donare qualcosa soltanto a chi lo merita, ma Amma, con il suo amore sconfinato, pensa che si debba dare un'opportunità specialmente a coloro che possono non meritarselo; altrimenti come potrebbero imparare a cambiare?

Un anno, arrivando negli Stati Uniti, stavamo sbrigando le solite formalità doganali e l'impiegato della dogana chiese ad Amma se viaggiava col marito. Io risposi per lei, e poi tradussi in malayalam ad Amma la domanda dell'impiegato. Ridevo tra me al pensiero di Amma sposata. Amma aveva un'aria sorpresa, e continuava a sembrare perplessa, quindi io ripetei la frase diverse volte, alla fine anche in inglese. Amma continuava a restare in silenzio. Più tardi, dopo aver lasciato l'aeroporto in furgone, Amma rise riferendo la mia traduzione. In malayalam, infatti, avevo detto che l'impiegato voleva sapere se Amma aveva con sé degli scarafaggi! Amma aveva pensato che forse l'impiegato sospettava che qualche scarafaggio si fosse intrufolato nel nostro bagaglio in India, visto che i controlli oggigiorno sono molto severi.

Amma scherzando dice di aver perso addirittura l'uso della propria lingua madre, a forza di trascorrere gran parte del suo tempo con chi non la parla correttamente. Per quanti errori facciamo, Amma ci accetta, e riversa incessantemente su di noi la sua grazia torrenziale. Potrebbe avere al suo servizio persone brillanti, giovani e intelligenti, ma per qualche sconosciuta ragione – un atto di grazia – lo permette a persone come me. La sua compassione e pazienza sono in verità anche più grandi del suo amore.

Capitolo 10

Impegno instancabile

*Qualcuno chiese a George Washington Carter:
"Qual è il segreto del suo successo?". Lui rispose:
"Pregare come se tutto dipendesse da Dio, e poi
lavorare come se tutto dipendesse da me".*

Mentre il Buddha si trovava sul letto di morte, notò che il suo giovane discepolo Ananda stava piangendo in silenzio. "Perché piangi, Ananda?".

Ananda rispose: "Perché la luce del mondo sta per spegnersi e noi ci ritroveremo nell'oscurità".

Buddha raccolse le forze rimanenti e pronunciò le sue ultime parole terrene: "Ananda, Ananda, sii luce per te stesso!".

Amma ci ripete continuamente lo stesso concetto: "In verità, interiormente abbiamo tutti un potenziale infinito. Con una piccola candela in mano, potremmo pensare 'Come faccio ad avanzare nelle tenebre?'. Ma procedendo passo dopo passo, l'oscurità gradualmente scomparirà".

Alcune persone vogliono raggiungere la meta senza sforzarsi troppo, sempre alla ricerca di una scorciatoia. Ma Amma dice che, uno sconto dopo l'altro, la qualità diminuisce. Noi siamo pigri, ma Amma sottolinea il fatto che la realizzazione del Sé non può essere donata. Deve provenire da uno sbocciare graduale del cuore in seguito agli sforzi continui dell'aspirante; solo così può culminare nella grazia del Guru. La realizzazione non è qualcosa che può essere reclamata o pretesa.

Per esserci d'esempio, Amma si impegna sempre al massimo. Ai vecchi tempi, era sempre lei a cominciare qualsiasi lavoro necessario all'ashram. Fu lei a realizzare i primi mattoni usati per costruirlo, ed era sempre lei la prima ad entrare nella fossa biologica per pulirla. Quando le persone iniziarono a unirsi all'ashram, Amma disse loro di non comportarsi mai come parassiti, ma di lavorare ed essere autosufficienti; lei ha sempre lavorato più di ogni altro, insegnando attraverso l'esempio personale, non soltanto a parole.

Amma insegnò ai brahmachari come costruire i mattoni forati con sabbia e cemento. Ogni brahmachari aveva il compito di realizzare dieci mattoni al giorno, e Amma disse loro di ricordare la quantità di sabbia e cemento necessaria, per assicurarsi che la miscela fosse nelle proporzioni giuste.

Un brahmachari decise di scrivere a terra la misura usata di sabbia e ghiaia, ma dopo un po' se ne dimenticò. Di tanto in tanto aggiungeva del cemento, e poi rifletteva: "Il cemento è troppo, devo mettere altra sabbia", e così via senza sosta. Dopo un po' iniziò a preparare i mattoni, ma dopo averne realizzati dieci, l'impasto rimasto poteva bastare per farne altri dieci. "Ho fatto i miei dieci mattoni, come mi è stato chiesto", pensò. " Il rimanente potrà servire a qualcun altro". E ritornò nella sua capanna a riposare.

Quando Amma si accorse che il brahmachari non aveva usato tutto l'impasto, lo mandò a chiamare e gli chiese: "Perché hai sprecato così tanto materiale?".

Lui rispose: "Amma, ho fatto il mio dovere. Mi hai chiesto di costruire dieci mattoni, e come vedi sono pronti. Ciò che è avanzato non mi riguarda".

Amma cerca di insegnare ai residenti dell'ashram a lavorare altruisticamente con cura e consapevolezza, ma a causa del nostro ego così radicato, non è certo un compito facile.

Al termine di un programma a Palakkad nel 2006, ci recammo direttamente a Trissur per quello successivo. Durante il viaggio, Amma accennò diverse volte di voler trascorrere del tempo con i brahmachari che avevano lavorato instancabilmente a Nagapattinam, in Tamil Nadu, costruendo le case del post-tsunami, e controllava che la loro auto fosse nei paraggi. Una volta arrivati, il mio primo pensiero fu: "Dove posso andare a dormire?". Ecco invece la prima domanda di Amma: "Dove sono i brahmachari? Chiamateli".

In qualsiasi parte del mondo ci troviamo, non appena arriviamo in una nuova città, Amma si siede sempre a parlare per un po' con la gente del luogo, anche se ha viaggiato tutta la notte e può essere stanca, o nonostante l'ora tarda. Nel 2005 avevamo viaggiato in aereo per quasi quarantott'ore quando infine arrivammo a Zurigo, prima tappa del tour europeo. Arrivati alla casa del devoto che ci avrebbe ospitati, Amma non entrò nemmeno nella camera a lei riservata. Sedette nel corridoio con i devoti locali, e iniziò a provare tutti i nuovi bhajan in tedesco, perché sa quanto le persone siano felici di ascoltare i bhajan nella propria lingua. Sebbene fisicamente possa essere stanca come noi, Amma ha la capacità mentale di trascendere le limitazioni del corpo.

Anche se deve restare seduta nella stessa posizione per molte ore, la sua postura rimane perfetta. Sebbene io trascorra seduta sul palco un tempo molto inferiore a quello di Amma spesso mi contorco e mi agito, mentre lei siede perfettamente immobile nella stessa posizione, anche se forse sente dolore alle gambe proprio come me.

Amritavarsham50 fu una celebrazione assai frenetica, della durata di quattro giorni, densa di programmi, in cui mangiammo e dormimmo pochissimo. Alla fine dell'ultimo programma, Amma si riposò un poco e ripartì per l'ashram.

Durante il viaggio di ritorno, uno swami che generalmente non viaggia in auto con Amma ebbe la rara opportunità di trovarsi sul sedile anteriore. Amma stava discutendo dei lavori di pulizia da effettuare in modo da lasciare lo stadio completamente in ordine. Avevamo percorso solo una breve distanza, quando all'improvviso Amma fece fermare l'auto e chiese allo swami di tornare indietro e controllare che i gabinetti venissero puliti perfettamente, e che tutto fosse lasciato in condizioni migliori di quelle in cui l'avevamo trovato. Egli fu felice di sacrificare la sua opportunità di viaggiare con Amma, perché sapeva quanto fosse importante per lei dare il buon esempio lasciando lo stadio in ordine.

Amma chiamò un altro brahmachari perché si unisse a noi e ci rimettemmo in viaggio. Io riuscivo a malapena a tenere gli occhi aperti per la stanchezza, mentre Amma, che aveva dato il darshan a cinquantamila persone per ventiquattrore di fila, era completamente sveglia. Per tutta la durata del viaggio da Cochin ad Amritapuri rimase seduta sul bordo del sedile posteriore, la schiena eretta e senza mai appoggiarsi allo schienale, analizzando con noi gli avvenimenti dei giorni precedenti. Io, invece, ero accasciata dall'altra parte del sedile, esausta. Succede spesso così: io sono una batteria che dopo un po' si scarica, mentre Amma è sempre collegata direttamente alla Sorgente!

Nel tour del nord India del 2006, eravamo stati a Bombay per alcuni giorni. Dopo un imponente programma pubblico, ritornammo all'ashram di Nerul, in periferia. Amma non aveva riposato neanche un istante, non era nemmeno stata al bagno per tutta la notte. Non appena arrivammo all'ashram si recò immediatamente verso un lato della sala, e incominciò a studiare tutte le cianfrusaglie che erano accatastate in quel punto.

Amma ha la capacità di dirigersi esattamente dove si trovano cose nascoste. Trovò oggetti inutili che erano stati ammucchiati in un angolo, e iniziò a riordinarli. La sala del darshan era piuttosto angusta, e Amma stava cercando di creare dello spazio perché i devoti potessero sedersi durante i programmi, riordinando tutti i lati della sala, fino ad arrivare alla parte posteriore dell'ashram. Fortunatamente, quando Amma inizia a lavorare si presentano sempre tanti volontari, e lei sa che il lavoro può essere portato a termine molto in fretta.

Mentre ispezionava l'edificio, pulendo e sistemando le cose, esplorò gli angoli che erano stati tralasciati. Trovò un mucchio di scatole dimenticate del banco vendite, e ci invitò a spostarle, in modo da far spazio per qualche persona in più. Pensando sempre al prossimo, Amma si impegna al massimo, anche dopo una notte intera di darshan, pur di insegnarci che il lavoro non termina mai.

Ovunque ci troviamo nel mondo, in aggiunta a tutti i suoi altri impegni, Amma è anche l'attentissima ispettrice dell'edificio. Niente di ciò che si desidera nascondere sfugge mai al suo sguardo.

Sebbene Amma abbia ricevuto un'istruzione scolastica molto limitata, la sua conoscenza e i suoi consigli si estendono a molti campi operativi.

Quando l'anno scorso facemmo visita all'ashram di Amma a Trissur, fummo accolti dal fuoco di fila dei flash dei fotografi. Erano così abbaglianti che la mia vista ne risentì e fui perciò del tutto sorpresa quando, davanti alla porta della sua stanza, Amma si fermò, indicò il pavimento ed esclamò: *"Guarda!"*. Aveva visto una piccola crepa nel pavimento di cemento. Non riuscivo a capire come avesse fatto a notarla, quando io ero ancora accecata dai flash. Amma commentò: "Non hanno versato bene l'acqua nella gettata di cemento". Entrò in camera delusa dalla mancanza di cura e attenzione degli operai. Niente le sfugge mai, perché ovunque si trovi è sempre vigile in ogni situazione.

Nelle poche occasioni in cui abbiamo fatto visita all'ospedale AIMS, i medici hanno cercato con orgoglio di mostrare ad Amma le più recenti apparecchiature acquistate. Invece di ammirare i loro strumenti, Amma generalmente esaminava le scheggiature nel pavimento e i punti in cui mancava una piastrella, facendo notare dove il lavoro era stato svolto in modo negligente. Amma cerca costantemente di insegnarci a compiere le nostre azioni nella maniera giusta, facendo attenzione ad utilizzare bene tutte le risorse e a non sprecare niente.

A Santa Fe, una volta, il programma serale finì molto tardi ed era ormai mattina quando, esausti, andammo tutti a dormire. Amma invece, approfittò di quel momento di quiete in casa per far visita alla cucina, e iniziò a mangiare del gelato che aveva trovato nel freezer. La sua assistente, che la seguiva di nascosto, si preoccupò di quello che Amma stava mangiando a colazione, si precipitò nella stanza in cui mi trovavo e mi svegliò, esclamando che Amma non le dava retta e che dovevo correre in cucina per cercare di impedirle di mangiare il gelato.

Cercare di impedire alla Madre dell'Universo di mangiare il gelato, se lo desiderava, era una prospettiva scoraggiante! Per mia fortuna, quando arrivai in cucina, Amma aveva già smesso di mangiare, e stava raccontando episodi dei vecchi tempi alle persone che nel frattempo si erano radunate.

Ricordò che molti anni prima, entrando nella cucina dell'ashram, aveva trovato un brahmachari che cercava di mantenere un'aria innocente, con un piede posato sopra a un sacco di riso. Sapendo che c'era qualcosa di strano, Amma si era messa a cercare dietro ai sacchi di riso nella dispensa e, con orrore del ragazzo, aveva immediatamente scoperto un piatto che lui aveva appena nascosto. Tolto il coperchio, Amma aveva trovato una grossa porzione di riso arricchito con tanto *sambar* in polvere, e un'ulteriore manciata di riso che aveva la funzione di nascondere il gustoso sambar. Lo aveva sgridato per essersi servito una porzione così abbondante di quella polvere sostanziosa, sconsigliata per chi osserva il voto di *brahmacharya*. A quei tempi il cibo a volte era scarso, e tutti avevamo escogitato dei metodi ingegnosi per racimolare qualcosa dalle risorse limitate della cucina. Sebbene spesso cerchiamo di tenere nascosta una cosa ad Amma, lei scopre sempre tutto.

Anni fa, durante il primo ritiro con Amma in Australia, ci trovavamo in un rustico villaggio sulla costa, nei pressi di Melbourne. Dopo il darshan diurno, Amma ritornò nella casa in cui eravamo ospiti, entrò in cucina, andò dritta verso il bidone dell'immondizia e ci tuffò dentro il braccio. Tirò fuori mezzo cocco e chiese alla ragazza che cucinava quel giorno: "Cos'è questo, figlia mia?".

La ragazza mormorò: "Mezzo cocco, Amma". "E cosa ci fa nell'immondizia?".

La ragazza rispose: "Oh, ha un po' di muffa". Amma prese un cucchiaio e grattò via il pezzettino di muffa, replicando: "Si può grattugiare il resto e usarlo per cucinare. Non sprecare il cibo, figlia".

Nella vita Amma ha visto tanta sofferenza legata alla povertà e alla mancanza delle prime necessità, ed è questa la ragione per cui è molto severa con noi quando scopre che abbiamo sprecato qualcosa. Ogni giorno si recano da lei centinaia di persone con strazianti storie di stenti dovuti alla mancanza di cibo, denaro o medicine. E quindi Amma non perde mai un'opportunità per insegnarci una lezione attraverso le nostre azioni quotidiane e per guidarci nella direzione giusta.

Ogni giorno centinaia di persone le fanno domande e le scrivono lettere. Amma cerca di rispondere a tutte nel suo modo inconfondibile. Anche se a volte non riceviamo una sua risposta diretta, dovremmo avere fede, certi di essere stati ascoltati. A volte non ci risponde perché ci sono cose che dobbiamo imparare direttamente dalla vita.

Nel 2004, Amma aveva avuto la sensazione che qualcosa potesse interrompere il tour degli Stati Uniti. Infatti, proprio nel mezzo del tour il Parlamento delle Religioni del Mondo invitò Amma come oratrice principale a una conferenza che si teneva a Barcellona. Inizialmente Amma era esitante ad accettare, ma alla fine acconsentì, per dare ai suoi figli europei la gioia di vederla una volta in più quell'anno. I devoti arrivarono da tutta l'Europa – Finlandia, Inghilterra, Germania, Francia, Danimarca, Svizzera e Italia. Erano tutti entusiasti di vederla.

Amma aveva commentato che avrebbe dato un darshan al lato della sala dopo il discorso, senza prasad, un abbraccio veloce a chi lo voleva, ma alla fine fu invitata a dare il darshan in una tenda allestita da una comunità Sikh venuta da Londra per servire cibo gratuito a tutti i partecipanti alla conferenza. Amma diede un lungo, affettuoso darshan alle migliaia di persone presenti. Non c'erano né biglietti né file; gli swami e gli altri musicisti cantavano i bhajan senza microfoni, nella sala poco illuminata.

Alla fine del darshan, Amma servì la cena a chi era rimasto nella tenda, sovrintendendo alla divisione e distribuzione del cibo. Il pasto, che avrebbe dovuto consistere per ognuno in una mela, tre chapatti e del curry, fu ridotto a un quarto di mela, un chapatti e un po' di curry. Amma servì diligentemente mille persone con una quantità di cibo sufficiente solo per centocinquanta. Tutti erano estatici per essere stati serviti con tanto amore, e increduli davanti all'altruismo ininterrotto di Amma.

Alle tre e mezza di mattina ritornammo alla casa che ci ospitava, tutti al limite della spossatezza: eravamo arrivati quella mattina dagli Stati Uniti e saremmo ripartiti dopo poche ore. Ma Amma era ancora piena di energia e non voleva dormire, ma discutere i vari punti dei discorsi uditi alla conferenza.

Nessuno riesce a stare al passo di Amma; anzi, sono necessarie diverse persone a turno per lavorare quanto lei. Quella volta, uno swami prese Amma per un braccio e la accompagnò nella camera in cui avrebbe dovuto riposare, supplicandola di dormire un po', e quindi chiuse gentilmente la porta. Tutti andarono a dormire nelle proprie stanze, felici di poter finalmente riposare, adesso che Amma si era ritirata.

Ci addormentammo immediatamente, ma poco dopo io fui svegliata dal suono della risata di Amma. Era in piedi sulla porta della nostra stanza, e rideva vedendo noi donne dormire tutte in fila come tante sardine. Dalla stanchezza, nessun altro si svegliò, e io decisi di lasciare un po' di libertà ad Amma e non la seguii.

Al risveglio, qualche ora dopo, scoprimmo che Amma non era mai andata a dormire. Ci imbarcammo di nuovo, dopo aver trascorso a Barcellona meno di trentasei ore, e tornammo in America per riprendere il tour. Amma vola continuamente in giro per il mondo per rendere felice il prossimo.

Non si stanca mai di servire gli altri. Nei giorni di darshan all'ashram di Amritapuri, Amma spesso abbraccia le persone da mattina a sera e alla fine del darshan, spinta dalla compassione per noi, nonostante debba essere esausta, si reca direttamente sul palco per cantare i bhajan, e in questo modo stabilisce un esempio per tutti noi. Non perde mai un'opportunità per essere d'ispirazione ai suoi figli: così è l'amore instancabile di un'anima che ha realizzato Dio.

Il destino consiste in verità negli sforzi che abbiamo fatto in passato, e per guadagnarci la grazia dobbiamo impegnarci nel presente, se possibile fin dall'infanzia.

Una bambina di otto anni in visita all'ashram adorava partecipare all'*archana* delle cinque del mattino. Ci si recava a giorni alterni insieme alla mamma, che però non la costringeva mai a partecipare. La mattina, la bambina si alzava immediatamente, con il libretto dell'archana in mano, pronta ad andare. All'inizio, la mamma pensava che si sarebbe addormentata dopo i primi nomi, ma al contrario, scoprì che li seguiva tutti e mille! A volte perdeva il segno e chiedeva alla madre a che punto si trovavano, e quindi anche la mamma doveva prestare molta attenzione.

Dopo i mille nomi e l'arati si recavano nel sancta sanctorum del tempio per vedere l'immagine di *Kali* e ammirare la sua bellezza. Dopo la prima archana, la bambina disse alla madre che non riusciva a pronunciare tutti i nomi più difficili, e la mamma le assicurò che si trattava di una cosa normale, e che nemmeno la maggior parte degli adulti riesce a pronunciarli correttamente. La bambina disse con innocenza che ad ogni nome rispondeva con il suo mantra personale. La madre fu colpita dall'impegno supplementare della figlia.

Quando viaggiamo in occidente, la gente spesso mi chiede perché lavoriamo tanto. Ma quando vediamo quello che fa Amma, che non si riposa mai ed è sempre alla ricerca di un modo nuovo per servire il prossimo, come facciamo a restare inattivi? Come potremo mai ripagare anche solo una frazione di tutto quello che lei ci ha dato?

Quando finii le scuole superiori mi iscrissi a un corso per infermieri, che però sarebbe incominciato soltanto tre anni dopo. Lavorai per un paio di anni e in quel breve periodo mi resi conto della superficialità della vita materiale. Non pensai più al lavoro per diversi anni, ma poi incontrai Amma. Capii qual era il mio sentiero vedendo che Amma mi incoraggiava sempre a lavorare sodo. Lavorando e servendo gli altri dimentichiamo noi stessi; quando impieghiamo il tempo cercando di risolvere i problemi del prossimo, tutte le nostre necessità vengono automaticamente soddisfatte.

Un Maestro illuminato ci dona l'inestimabile comprensione del significato della vita, senza aspettarsi niente in cambio. Mi sembra che l'unica cosa che possiamo davvero fare per ricambiare sia lavorare per una buona causa. Non abbiamo altro da offrire, eccetto il nostro impegno. Anche questo piccolo sforzo ci porterà la grazia.

Qualcuno una volta chiese ad Amma: "Che cos'è la grazia, e come funziona?". Amma rispose: "La vita è grazia. Abbiamo bisogno della grazia di Dio per fare qualunque cosa. Senza, non possiamo vivere a questo mondo. Un cuore pieno di compassione riceverà sempre la grazia".

Capitolo 11

Il ritmo della vita

Nella vita quello che conta non è correre veloce o arrampicarsi in alto – ma rimbalzare bene.

Anonimo

Amma dice che in natura tutto ha un ritmo – il vento, la pioggia, l'oceano, la crescita delle piante… In modo analogo, anche la vita ha un ritmo – il flusso del respiro, il battito del cuore. I pensieri e le azioni costituiscono il ritmo e la melodia della nostra vita. Quando perdiamo il ritmo nei pensieri, ciò si riflette nelle nostre azioni, il che a sua volta scombussola la vibrazione stessa della vita.

Mantenere il ritmo di mente e corpo è necessario non soltanto per la salute e la durata della vita individuale, ma anche per la prosperità dell'umanità intera e della Natura. La perdita di questa cadenza si riflette nell'ambiente naturale e nella società, attraverso varie calamità come terremoti e tsunami. L'equilibrio della Natura dipende dal genere umano.

Quando violiamo le sue leggi, ne subiamo le conseguenze e questa sofferenza serve a ricordarci che nel nostro stile di vita c'è qualcosa che non va. Continuando a ripetere gli stessi errori, accumuliamo conseguenze sempre maggiori e la sofferenza aumenta perché le nostre azioni, sia positive che negative, senz'altro torneranno a noi, in un modo o nell'altro.

Qualche tempo fa, la stampa riportò la seguente notizia. Un rapinatore armato, entrato in un negozio, si avvicinò al cassiere e posò sul banco una banconota da venti dollari. Mentre l'impiegato apriva la cassa, il rapinatore disse: "Dammi tutti i soldi, subito!". Davanti all'arma, il cassiere prelevò velocemente tutti i soldi dalla cassa e li consegnò al rapinatore, che li mise subito in tasca. Scappando, però, dimenticò di recuperare la banconota che aveva appoggiato sul banco.

Al momento della rapina, nella cassa non c'era molto denaro, quattordici dollari circa, e perciò il negozio alla fine ci guadagnò sei dollari! Quando imponiamo la nostra volontà egoistica e disturbiamo il naturale ciclo degli eventi cercando una scorciatoia, generalmente finiamo col perderci. Dovremmo invece cercare di ristabilire l'equilibrio e l'armonia nella nostra vita e nel mondo.

In India, una cagnolina sopravvisse alle terribili onde dello tsunami. La chiamammo Bhairavi per la sua volontà di sopravvivenza e, poiché non potevamo tenerla all'ashram, una devota di buon cuore la portò a casa con sé. Questa devota soffriva di una malattia cronica, e quando, tempo prima, aveva visto comparire sui piedi delle ferite simili all'eczema, le aveva attribuite alla malattia. Aveva consultato molti medici senza che nessuno avesse compreso la natura di quelle piaghe, né fatto una diagnosi o trovato una cura. Quel problema alla pelle l'aveva tormentata per quasi diciotto mesi.

La cagnolina, ovviamente, rosicchiava tutto quello che trovava e un bel giorno smangiucchiò anche i vecchi sandali di plastica preferiti della sua padrona. Subito dopo, l'animale sviluppò delle macchie rosse sulla pelle, mentre quelle sui piedi della padrona iniziavano a scomparire. La donna si rese conto che l'irritazione era stata causata da un'allergia a quei sandali. Il mistero dei suoi strani sintomi si svelò all'improvviso, e quei problemi non si ripresentarono più. La cagnetta le aveva restituito il favore di averle salvato la vita.

Gli esseri umani hanno un alto concetto di sé, ma Amma dice che anche i vermi che vivono negli escrementi hanno famiglia e si vogliono bene. L'unica differenza tra noi e loro è che gli esseri umani sono dotati della capacità di discernere tra giusto e sbagliato.

Affinando la qualità della discriminazione, essa culmina inevitabilmente nella compassione; solo così possiamo elevarci al di sopra delle tendenze negative sepolte dentro di noi, che ci imprigionano e rendono schiavi. E allora la nostra vita comincia dolcemente a sbocciare come uno splendido fiore.

La grazia di Dio si riversa da ogni dove su chi sviluppa compassione per le sofferenze dell'umanità.

Se invece non usiamo il discernimento, la nostra vita diventa stagnante come una palude inquinata: dove sarà allora la differenza tra noi e gli animali, a parte il fatto che questi ultimi sanno dimostrare maggiore amore altruista di noi?

Un giorno, mentre viaggiavamo in auto, Amma spiegò: "Gli animali non creano alcun *prarabdha* karma per se stessi – al contrario degli esseri umani, che non fanno altro che produrne di nuovo".

Quando gli animali si ammalano, digiunano. Nessuno può forzarli a mangiare qualcosa, se l'istinto dice loro di far riposare l'apparato digerente fino alla scomparsa dei sintomi. Ma noi esseri umani, anche quando il corpo ci segnala che siamo ammalati e che è necessario rallentare il ritmo e digiunare, ignoriamo spesso il suo messaggio e continuiamo a mangiare cibi nocivi, senza lasciare che il corpo si riposi e recuperi.

Gli animali hanno un'intuizione naturale che li fa agire nel modo giusto, mentre negli esseri umani la mente è la padrona e noi i suoi schiavi. Ci conformiamo troppo spesso ai desideri del corpo e ai capricci della mente ignorando il buon senso, e manchiamo di consapevolezza e di sintonia con l'intuito. In queste condizioni, aumentano le probabilità di incidenti o malattie. Dobbiamo affinare l'intuito e imparare ad armonizzarci a livello fisico e mentale.

Il dolore non è sempre un nemico; a volte si può dimostrare grande maestro e amico. Un europeo, in tour con Amma in India, cadde sul marciapiede e si ruppe malamente la caviglia. Nonostante il dolore lancinante, l'uomo capì subito che quell'incidente era in un certo senso destinato a succedere. Cercò di abbandonarsi completamente al suo destino e di trarre il massimo da quella inevitabile esperienza. Non potendo più andare di fretta, dovette rallentare il ritmo della propria vita, e non essendo autosufficiente in molte situazioni, fu anche costretto ad accettare l'aiuto degli altri. Si rese conto del numero infinito di cose di cui doveva sentirsi grato, cose che in precedenza aveva dato per scontate. Questa esperienza personale di impotenza lo aiutò a coltivare maggiore pazienza e compassione verso chi affronta dei problemi nella vita. Il suo intero modo di pensare si modificò e l'uomo fu consapevole che, in quell'occasione, il male non era venuto per nuocere.

Spesso vogliamo apportare dei cambiamenti nel mondo esterno, desideriamo trasformare gli altri, mai noi stessi. Amma, invece, ci ricorda che se davvero sogniamo di rendere diverso il mondo, dobbiamo prima di tutto cambiare noi stessi. Solo in questo modo si verificherà una trasformazione anche all'esterno. In verità, la vita spesso ci costringerà ad affrontare situazioni in cui l'unica alternativa è cambiare: ciò è utile per la nostra evoluzione e ci fa progredire verso la perfezione.

Come disse Henry Miller: "Non si tratta di fare ordine nel mondo; il mondo è il ritratto dell'ordine. Siamo noi che dobbiamo entrare in sintonia con quell'ordine". Per riportare il corpo e la mente in uno stato di equilibrio con noi stessi e con il resto dell'esistenza, è necessario cercare di seguire un certo dharma di comportamento nel mondo. Se ci abbandoniamo alle varie situazioni con discernimento, umiltà e grazia, la vita non sarà costretta ad usare le maniere forti per insegnarci le sue lezioni.

Gli esseri straordinari che hanno realizzato Dio hanno raggiunto una comprensione e un equilibrio completi con se stessi e con le vibrazioni della vita. Hanno conseguito questo stato attraverso il potere assoluto del loro intuito divino e il completo abbandono a un potere superiore.

Sebbene nella sua vita Amma non abbia veramente svolto una *sadhana* formale, ha tuttavia raggiunto la sommità dell'esistenza umana attraverso la comprensione della propria natura. Per diversi anni la sua ardente devozione fu spesso scambiata per follia. Accettava il cibo soltanto dagli animali che le stavano attorno, e non dagli esseri umani. Non riusciva a prendere niente da nessuno, perché nessuno la capiva, eccetto la Natura. Gli uccelli le lasciavano cadere dei pesci in grembo e le mucche le offrivano il latte direttamente dalle mammelle. Poiché Amma sapeva sintonizzarsi col ritmo della vita, Madre Natura la nutriva e si prendeva cura di tutti i suoi bisogni.

A quei tempi, due cani le stavano sempre vicini. Amma spesso si perdeva nel suo mondo estatico, sdraiata sulla sabbia o accanto all'acqua. Uno dei due cani restava sempre con Amma, mentre l'altro andava alla ricerca di cibo. Non la lasciavano mai sola, ma le facevano anzi compagnia a turno e vegliavano su di lei. Se degli sconosciuti si avvicinavano, abbaiavano per proteggerla. Il loro amore per lei era incrollabile. Quando Amma si ritirava da questo mondo di dolore ed entrava in *samadhi*, aspettavano silenziosi che riemergesse.

Ci fu un periodo in cui Amma visse per diversi mesi solo di foglie di tulasi. La sua esperienza dimostra che quando la mente e l'anima diventano una cosa sola con la vibrazione divina interiore e con il ritmo del creato, il corpo riesce a sopravvivere con poco o addirittura nessun nutrimento esterno.

Oggi, Amma mangia e dorme un po' su nostra insistenza. Si è talmente donata a servire e confortare il mondo da scendere dallo stadio altissimo dell'estasi al nostro livello di esistenza, sacrificando la propria beatitudine per ispirarci a migliorare. Sebbene viva in mezzo a noi, si vesta come noi e si sieda a mangiare con noi, la sua mente dimora completamente in un altro regno.

In un'occasione, una delle sue assistenti riempì distrattamente un secchio con dell'acqua che doveva servire per il bagno di Amma. Sulla superficie, Amma notò galleggiare della sporcizia, e glielo fece notare, rimproverandola gentilmente per la sua disattenzione.

La donna trovò la libertà di chiedere: "Perché a volte Amma non è affatto meticolosa per quanto riguarda la pulizia, e altre volte invece nota il più minuscolo granello di polvere?".

Amma rispose: "Perché a volte sono nel vostro mondo, e a volte nel mio".

Viaggiando con Amma in India, spesso nel tardo pomeriggio ci sediamo lungo la strada per meditare e prendere un chai. Oltre ad offrirci il piacere di una bevanda calda, Amma conduce anche sessioni di domande e risposte, fornisce guida spirituale o chiede a qualcuno di raccontare una storia. In una di queste occasioni, ogni singola persona sui nove pullman del tour si precipitò alla ricerca di un posto a sedere accanto a lei.

Dopo che Amma si fu seduta, una delle ragazze che le si trovavano vicino cercò di sradicare una pianticella spinosa di cardo selvatico che cresceva proprio lì accanto. Amma se ne accorse e la

fermò immediatamente. La ragazza dichiarò che si trattava solo di un'erbaccia, ma Amma le ricordò che tutto contiene la stessa scintilla di coscienza, e che se, l'avesse sradicata e distrutta, la pianta avrebbe provato dolore.

Amma vede l'essenza della divinità in ogni cosa, e capisce il dolore che sentono una pianta o una foglia. Per lei, la Coscienza suprema non è soltanto un concetto, ma una verità che vibra in ogni atomo del creato. È la conoscenza del Sé che svela tutti i segreti della Natura.

Durante una sosta del tour dell'India del 2006, ci fermammo lungo la strada e qualcuno offrì ad Amma del prasad proveniente da un tempio. Amma decise di distribuirlo a tutti i presenti. Fatto questo, chiamò i poliziotti che ci scortavano e lo diede personalmente anche a loro. In quel momento si avvicinò un cane, e Amma chiese che il prasad fosse dato anche a lui. Una persona pose il cibo a terra, ma immediatamente Amma disse di metterlo su un piatto. Fu trovato il coperchio di un contenitore di plastica, e Amma lo usò per offrire il prasad all'animale. Per assicurarsi che lo mangiasse tutto, gli fece leccare ogni briciola ed infine ci disse di lavare bene il coperchio e di riutilizzarlo. Noi tutti provammo disgusto e terrore al pensiero che quel coperchio sarebbe stato riusato, con la possibilità di doverci mangiare dentro! Ma la lezione di Amma era chiara: gli animali devono essere trattati con il medesimo rispetto accordato agli esseri umani, perché in ogni cosa si deve vedere la stessa essenza divina.

Amma sa che Dio non è seduto su un trono dorato nell'alto dei cieli. La luce della coscienza risplende in ogni oggetto e creatura, senziente o meno, anche se sfortunatamente la nostra visione limitata non ci permette di percepirlo.

Diversi anni fa, mentre ci trovavamo in Olanda per il tour europeo, arrivata a casa di un devoto, Amma si recò immediatamente nel giardino dove raccolse una mela da un alberello carico di frutti. Dopo aver staccato la mela, chiese perdono all'albero per avergli preso un frutto. Ne mangiò metà, e distribuì il resto ai presenti come prasad. Generalmente Amma non mangia le mele, eppure allora fu attratta da questo particolare albero che forse la stava aspettando per offrirle se stesso.

Ogni anno, quando ci rechiamo in Olanda e arriviamo in quella casa, Amma si dirige subito verso il giardino e stacca una mela dallo stesso albero: forse unica occasione all'anno in cui mangia un pezzetto di mela. Amma dice che la frutta matura è davvero deliziosa, ma raccoglierla la intristisce moltissimo. Le cose in Natura spesso hanno una durata limitata, e Amma ritiene che sia meglio lasciarle vivere.

Madre Natura ha innumerevoli lezioni spirituali da insegnarci se rallentiamo i nostri ritmi abbastanza da accorgercene. Una sera partecipammo a un programma pubblico dove si era radunata un'immensa folla. Secondo la tradizione del Kerala, per celebrare l'occasione era presente un elefante. Amma era scesa dall'auto e io la seguivo tra la folla. Arrivammo all'elefante: Amma fu felicissima di vederlo e si avvicinò per salutarlo. Si voltò verso di me e disse: "Hai qualcosa da dargli da mangiare?".

La macchina era lontana, quindi dovetti rispondere di no.

Come forse saprete, Amma adora dar da mangiare agli elefanti, ma io sfortunatamente ero impreparata a una simile evenienza. Di solito, mentre ci dirigiamo verso il palco per un programma, non mi porto dietro un casco di banane! Amma era stupefatta e ripeté: "Non hai *niente* per l'elefante?".

Mi venne da ridere; che sciocca, mi ero dimenticata di portare del cibo per elefanti! E sappiamo tutti quanto mangino!

Amma fu terribilmente delusa e guardò l'elefante sollevando le mani, come ad indicare che non aveva niente da offrirgli. Mentre ci dirigevamo verso il palco, Amma continuava a voltarsi verso l'elefante per scusarsi di non avergli portato niente, facendo dei leggeri gesti nella mia direzione, come per spiegare che era colpa mia di essermene dimenticata.

Questo fu un ottimo esempio di quanto nella vita spirituale si debba essere sempre pronti a ogni evenienza. Non si sa mai quali sfide ci presenti la vita... proprio come non si sa mai quando si possano incontrare elefanti affamati!

Un giovane malese mi raccontò un'esperienza in cui aveva compreso la gloria della Natura. Ad un programma di Amma aveva acquistato una pianticella di tulasi e, sapendo quanto fosse sacra, l'aveva curata con amore per un paio di settimane, innaffiandola ogni giorno alla stessa ora. Nonostante questo, le foglie stavano appassendo e ingiallendo.

Si ricordò che alle piante di tulasi piace ascoltare i mantra, e quindi incominciò a cantare e a recitare dei mantra alla pianta, senza però che le sue condizioni migliorassero. Preoccupato che la preziosa pianta morisse, pensò con innocenza che forse non aveva cantato a voce sufficientemente alta o abbastanza a lungo. All'improvviso gli venne l'idea di far ascoltare alla pianta dei bhajan, la portò vicino al computer e fece suonare un CD di bhajan di Amma. Parlò con dolcezza alla pianta, spiegandole che quella era l'unica cosa che riteneva potesse aiutarla a riprendersi. Stanco della lunga giornata di lavoro, andò a dormire per un paio d'ore, mentre la musica continuava. Quando si svegliò e accese la luce, vide che la pianta aveva un'aria fresca e le foglie non erano più appassite. Sbalordito, si strofinò gli occhi, nel caso avesse ancora la vista annebbiata dal sonno. Ma la pianta si era ripresa veramente, e le foglie erano addirittura ritornate verdi. Fu una prova del potere del suono.

Passarono due settimane e si dimenticò dell'episodio. Generalmente teneva la pianta all'aperto ma ancora una volta, dopo un po', essa cominciò ad appassire, mentre le piante vicine sembravano in buona salute. Decise di riportare il tulasi in casa, e di sistemarlo nuovamente con amore vicino al computer per fargli ascoltare dei bhajan, anche se i suoi genitori pensavano fosse diventato matto.

A sua madre i bhajan non erano mai piaciuti, ma lui le assicurò che quella musica avrebbe avuto un effetto rivitalizzante sulla pianta. La madre rifiutò di credere che le vibrazioni dei bhajan fossero sacre. Da buona cinese, la musica indiana non le piaceva proprio, e insisteva di continuo perché il figlio abbassasse il volume dei bhajan.

Il ragazzo le disse di osservare la pianta, e di verificare più tardi l'effetto delle vibrazioni dei bhajan. Un'ora dopo, la donna fu sbalordita vedendo che la pianta si era ripresa e le foglie ingiallite erano tornate verdi. Ciò le dimostrò l'effetto purificatore della vibrazione dei bhajan, e smise di dire al figlio di abbassare il volume. Da questo esperimento, il giovano trasse anche una comprensione speciale. Riflettendo sull'effetto che i bhajan avevano avuto sulla pianta, intuì che quando Amma canta, tutte le sere, ci dev'essere senz'altro un effetto su chi l'ascolta e sull'ambiente circostante.

La vita diventa completa soltanto quando l'uomo e la Natura si muovono in armonia, mano nella mano. Quando la melodia e il ritmo si completano a vicenda, la musica diventa bella e piacevole. Analogamente, quando viviamo in accordo alle leggi della Natura, il canto della vita si fa dolce.

Capitolo 12

Le sfide lungo il cammino

Il più grande guastafeste con cui avrai mai
a che fare ti osserva allo specchio mentre
gli fai la barba ogni mattina.

Anonimo

Quando la gente le chiede qual è il modo migliore di vivere nel mondo, Amma risponde: "Vivere come uno stormo di uccelli, senza attaccamenti e pronti a spiccare il volo in qualsiasi momento".

Nel 2006, mentre ci trovavamo a Trissur per un programma, il caldo era soffocante. Alcuni parenti di Amma vennero in visita ma, sapendo che gli alloggi erano affollati, non vollero creare inconvenienti chiedendo una stanza, quindi si accontentarono di due stuoie e l'intera famiglia dormì felice all'aperto. La moglie disse che ciò le aveva dato l'opportunità di immaginare la vita all'ashram ai vecchi tempi, quando a volte si dormiva all'aperto. Se accettiamo tutte le situazioni della vita con un atteggiamento positivo, riconosciamo la mano di Dio in ogni cosa. Questa vita umana ci è stata data per affrontare e superare le difficoltà, non per evitarle, e la grazia di Dio ce ne fornisce la forza necessaria.

Amma ci ricorda che non sempre la vita ci presenta esperienze piacevoli, anzi è possibile che il futuro abbia in serbo per noi soprattutto situazioni difficili. La natura del mondo è così.

Dovremmo tuttavia cercare di trasformare le circostanze impegnative in trampolini di lancio verso il successo, e per questo è necessario un intelletto capace di discriminazione e radicato nei princìpi spirituali.

Un giovane cresciuto in una comunità spirituale dovette affrontare situazioni difficili già da molto giovane. Allevato dalla madre, viveva in un ashram sotto la guida di un Guru, che però lasciò il corpo quando il ragazzo aveva solo diciotto anni. Questa perdita lo fece precipitare in una profonda tristezza. Incominciò a provare le droghe e a tuffarsi in tutto ciò che il mondo materiale poteva offrirgli, ma poi si accorse che questo stile di vita distruttivo non gli procurava altro che una profonda sensazione di vuoto. Non sapeva però come staccarsi dal giro di droghe e party in cui era entrato.

Un giorno sua madre lo portò ad incontrare Amma a Londra. Nella sala del programma guardò il video sullo tsunami, che lo cambiò per sempre. Pianse molto, rendendosi conto che stava sprecando la sua vita, mentre nel mondo altri morivano. Si sentì ispirato a cercare un modo per alleviare la sofferenza della gente, e vedendo dei devoti con le telecamere, pensò che forse avrebbe potuto offrire il proprio servizio in quel settore, avendo appena terminato un corso di tecnologia multimediale. Troppo timido per parlarne con Amma, tenne questa idea per sé, senza condividerla con nessuno.

La madre suggerì di andare a vedere Amma in Irlanda, ultima tappa del tour. Mentre si dirigeva al programma, incontrò un uomo che lavorava nel reparto video e che lo accompagnò a sedere vicino ad Amma. Qualcuno tradusse ad Amma che il ragazzo era esperto di riprese video e che desiderava aiutare. Amma gli propose di recarsi in India alla fine del tour europeo. Lui seguì il suo consiglio e si unì alla troupe che filma Amma in India.

Spera di trascorrere qualche anno con Amma per rafforzare le sue basi spirituali e resistere alla tentazione di ritornare alle vecchie abitudini.

Amma consiglia:

> Quando nella vita si presentano circostanze difficili, si può reagire in due modi: fuggire per la paura, o ravvivare la forza interiore e cercare di superarle. Se scegliamo la prima opzione, tutta la nostra forza si dissolve, e veniamo spazzati via come foglie secche al vento. Alcune situazioni sono inevitabili. Chi cerca di fuggire crolla per lo sfinimento. Dovremmo invece tentare di raccogliere la nostra forza mentale, risollevarci e agire, diffondendo il profumo dell'altruismo e dell'amore. L'ombra della paura scompare soltanto col sorgere della luce dell'amore. L'amore è la nostra forza, il nostro rifugio.

Ai vecchi tempi all'ashram, il mio seva spaziava dalla pulizia dei gabinetti, al taglio delle verdure, allo stirare i vestiti di Amma. Per parecchio tempo preparai anche il tè per i muratori e bevande calde per i residenti. Il tè non mi è mai piaciuto e quindi, purtroppo per tutti, il mio era il tè peggiore del mondo. I poveri muratori si lamentavano spesso del suo pessimo sapore.

Un giorno, mi fu chiesto di preparare del tè per Amma e poiché lei non lo bevve immediatamente, si raffreddò; decisi allora di riscaldarlo aggiungendo anche un po' di latte. Ero sicura che fosse disgustoso, ma quando un bambino offre alla mamma qualcosa con amore, lei lo accetta con amore. Amma finì col bere il mio terribile intruglio trovandolo buonissimo, ma sapevo che voleva solo essere gentile con me.

Ai primi tempi, Amma ci disse di non bere né tè né caffè. Per un aspirante spirituale è dannoso sviluppare dipendenza dalla caffeina, e quindi noi bevevamo una miscela calda di latte e acqua. Preparare queste bevande era compito mio

Un giorno, elogiai un brahmachari con Amma: "Amma, quel ragazzo non mette mai lo zucchero nel suo latte e acqua. Che disciplina!".

Ma Amma non fu d'accordo. "Tutti devono usare lo zucchero!". Sapeva che se si fosse ritenuto più austero degli altri, il brahmachari avrebbe potuto sviluppare dell'ego. Amma voleva che seguissimo sempre la via di mezzo – né troppo, né troppo poco, come nel caso del sonno. Amma è estremamente pratica: per lei, la vera spiritualità è praticità totale.

Poiché all'ashram non si serviva il tè, alcuni di noi avevano l'abitudine di recarsi a casa della famiglia di Amma per un tè o un caffè. Quando Amma venne a saperlo, ci sgridò e ci disse di smettere, ma la cosa continuò. Un pomeriggio decidemmo allora di discutere seriamente il problema. Ci riunimmo tutti e quattordici nel kalari e stabilimmo di non bere più quelle bevande, e uno a uno facemmo la nostra promessa. Quando fu il turno di un certo brahmachari, questi disse: "Prometto di *cercare* di non bere più tè o caffè", e tutti protestammo con veemenza: "No, no, no! Non è corretto così!". Ma lui disse che non avrebbe fatto un voto che non era in grado di mantenere. Alla fine, però, la maggior parte di noi promise solennemente di astenersi dalla caffeina, e per molti anni non bevemmo più tè o caffè.

Io mantenni il voto per quasi quindici anni. Ne bevevo soltanto in rare occasioni, un paio di volte all'anno, se mi veniva offerto e per non ferire i sentimenti di qualcuno. Ad un certo punto, però, incominciai a sedermi accanto ad Amma sul palco durante i programmi pubblici fuori dall'ashram. Ero abituata a muovermi in continuazione e a tenermi occupata, e ritrovandomi all'improvviso a dovermi sedere immobile per ore, incominciai a sentirmi molto assonnata.

Avevo sviluppato attaccamento verso la frase: "Non bevo tè o caffè", e il pensiero "Sono molto spirituale perché non bevo caffeina" non faceva che ingrandire l'ego. Per superare questo tipo di attaccamento, decisi di ricominciare a berne un po', tanto per tenermi sveglia. Successe circa otto anni fa, durante un programma a Bangalore. Prima di salire sul palco bevetti una tazzina di caffè, la prima dopo tanti anni. Durante il satsang, incominciai ad avvertire un gorgoglio allo stomaco. Mi resi conto di dover andare al bagno! Ero sveglissima, ma contavo quanti bhajan mancavano prima di potermela svignare. Mi ero dimenticata che il caffè può avere un forte effetto lassativo e diuretico. Cinque bhajan. Quattro. Tre. Alla fine dovetti alzarmi e precipitarmi giù dal palco: fortunatamente c'era un bagno nelle vicinanze. Mi ricorderò sempre quella prima tazza di caffè dopo tanti anni.

Alla fine, Amma decise che se avevamo tutto questo attaccamento al tè, lo potevamo avere tutti i giorni; una piccola quantità in dose medicinale non è nociva. Una razione limitata ci mantiene vigili e ci dà l'energia per andare avanti. Amma smise di opporsi a chi beveva il tè di nascosto, e disse a tutti di berlo. Fu allora che il chai venne incluso nella routine quotidiana dell'ashram. Nella vita di tutti i giorni, quando siamo impegnati, è facile che ci dimentichiamo di pensare all'*Atman*, ma alle quattro del pomeriggio ci ricordiamo sempre che è l'ora del chai!

Una volta, un ashramita decise di intraprendere tapas cercando di digiunare, mangiando solo una piccola banana e bevendo un bicchiere di latte alla sera. Ma non si trattò di un'austerità molto intelligente: infatti, gli causò un'ulcera che alla fine lo costrinse a mangiare più di tre pasti al giorno. E tutto perché aveva praticato tapas senza usare il buon senso. Nelle nostre pratiche dobbiamo avere accortezza; la moderazione in ogni cosa è davvero la pratica più difficile da mantenere.

Tanto tempo fa praticai *maunam* per quattro mesi, ovvero rimasi in silenzio, cosa in verità non troppo difficile. Una volta che ci si abitua a non parlare, diventa una buona scusa per evitare i problemi. Quando qualcuno si avvicina con una seccatura, a gesti possiamo dirgli di 'andar via', perché 'io sono in silenzio!'. Ma quando poi si ricomincia a parlare, a volte è difficile fermarsi.

Una sera ero seduta nel kalari durante il *Devi Bhava*. Un bravo meditante dell'ashram era seduto in meditazione in un angolo. Io lo ritenevo spiritualmente molto avanzato perché praticava austerità nella sua grotta sotterranea. Ammiravo l'intensità della sua concentrazione e immaginavo che, al contrario di me, durante la meditazione probabilmente non aveva mai avuto problemi di sonno e poca concentrazione.

Quella sera ero seduta accanto ad Amma pronta a servirla nel caso avesse avuto bisogno di qualcosa. Vidi l'uomo seduto in un angolo, immobile come una statua, la testa all'indietro, gli occhi chiusi, la bocca spalancata. Vedendolo così, rimasi turbata e con innocenza pensai: "Oh, mio Dio, ha raggiunto il *maha-samadhi* e ha lasciato il corpo!". Poiché era nota la sua abilità di sedere per ore, non mi venne nemmeno in mente che potesse essersi addormentato. Temendo che fosse morto, dissi ad Amma: "Penso che abbia lasciato il corpo". Amma si girò a guardarlo e scoppiò a ridere. Gli tirò una caramella e lui si svegliò – con mio gran sollievo!

Nella vita ognuno di noi vede le cose in modo diverso, e a volte è difficile distinguere giusto e sbagliato. Ci vogliono anni di pratica per imparare a usare davvero il discernimento in modo saggio.

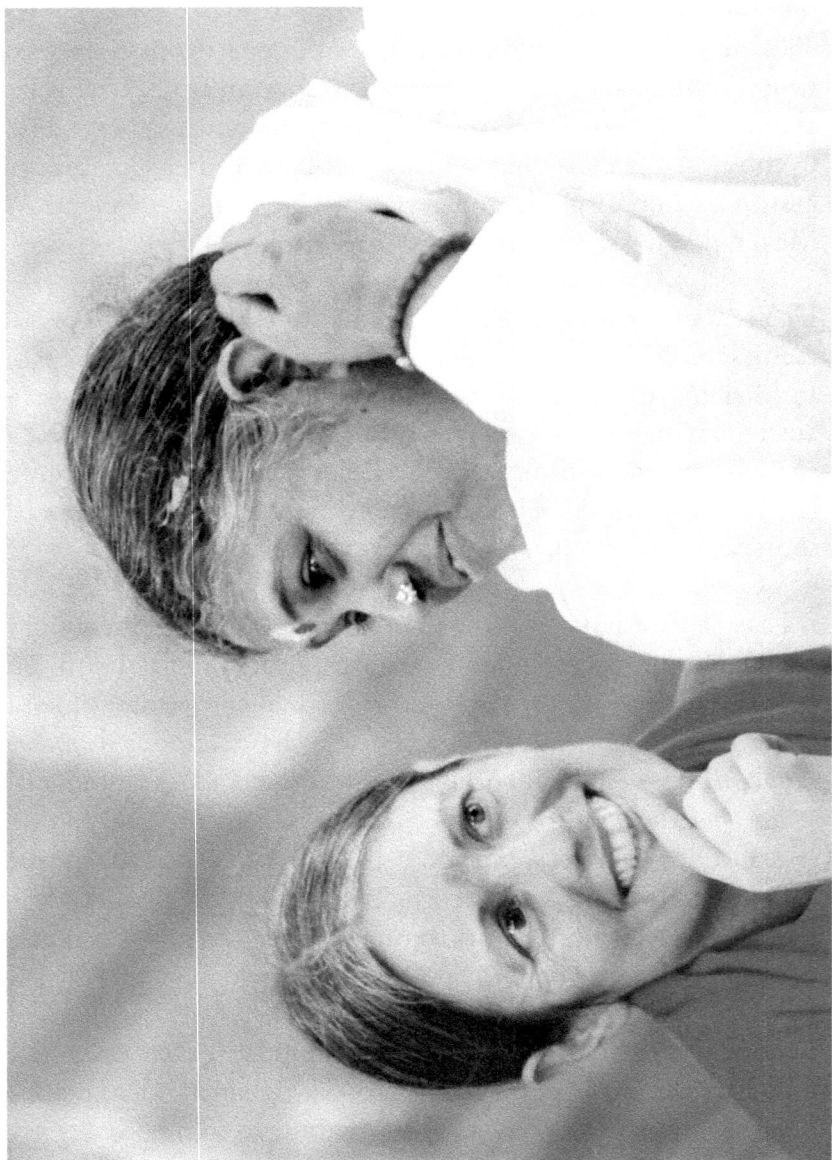

Un grosso cane tarchiato di nome Sumo, che aveva vinto ben quattro competizioni come miglior cane della sua razza, era oggetto delle lamentele dei vicini che sostenevano che russasse così forte da far scattare addirittura l'allarme. A causa di ciò i suoi padroni avevano avuto un ingiunzione di sfratto. Un inquilino anziano con problemi di cuore la notte non riusciva a dormire tanto era il rumore. Il russare del cane venne poi misurato, e superava i 34 decibel.

Il padrone del cane non era affatto d'accordo con i querelanti, e diceva: "Il mio Sumo è un cucciolino. Dorme nel letto con me, la notte. Non so perché si lamentino che russa. Non mi disturba affatto!".

Tutti abbiamo percezioni differenti su come dovrebbero essere le cose nella vita, e siamo sempre impegnati a creare concetti su tutto. Ecco perché si dice che il mondo è una nostra proiezione.

Una volta, un uomo molto ricco incaricò uno scrittore di comporre la storia della sua famiglia, a condizione che questi presentasse in modo accettabile il fatto che uno zio aveva concluso sulla sedia elettrica una vita dedicata al crimine. Fu naturalmente deliziato quando l'autore scrisse: "Lo zio William occupò una poltrona di elettronica applicata in un'importante istituzione statale. Legato al suo posto da vincoli molto forti, la sua morte è stata un vero shock".

Ognuno è libero di scegliere il proprio modo di vedere il mondo. Siamo incredibilmente fortunati ad avere una guida spirituale come Amma, che ci aiuta a migliorare il nostro modo di guardare alla vita. Lei ci tiene sempre in considerazione e non ci metterebbe mai in pericolo. Grazie al suo immenso senso di compassione per i sofferenti, Amma si pone al nostro livello di coscienza, cosa che non necessariamente tutti i Maestri realizzati fanno.

Ad Ochira, un paesino vicino all'ashram, viveva un *avadhuta* di nome Prabhakara Siddha Yogi. Si riteneva avesse settecento anni e fosse stato tirato su dal fondo dell'oceano da una rete di pescatori.

Gli avadhuta sono persone che hanno realizzato Dio e raggiunto quindi lo stadio ultimo, ma si comportano come matti. Vivono nel proprio mondo privato, ebbri di Dio. Sebbene possa sembrare che non servano a molto, Amma dice che il loro solo respiro è sufficiente a tenere in equilibrio il mondo. Tuttavia non insegnano ai discepoli in maniera tradizionale, come fa Amma, che per compassione scende al nostro livello per guidarci; essi rimangono al proprio stato di coscienza.

Questo particolare avadhuta tendeva a girovagare nella zona, ma la gente non gradiva che si avvicinasse, e gli gettava addosso secchi di acqua sporca perché a volte afferrava le donne. Lui dichiarava che erano i desideri nella mente delle donne che lo spingevano a comportarsi così. A volte veniva in visita all'ashram, causando generalmente un gran tumulto. Tutti erano molto protettivi nei confronti delle poche ragazze che vivevano all'ashram, e ci raccomandavano di chiuderci al sicuro in camera.

Una volta arrivò mentre ci trovavamo a un programma fuori dall'ashram, e noi ragazze stavamo trascorrendo il pomeriggio all'aperto, dietro a un boschetto. Per evitarlo, anche Amma venne con noi e ci spiegò che gli avadhuta hanno realizzato Dio, ma la gente fraintende le loro azioni. Amma sapeva che le persone non avrebbero capito i suoi comportamenti insoliti, nonostante lei apprezzasse il livello elevato in cui dimorava la sua mente.

Una devota americana, in India per la prima volta, si fermò a Tiruvannamalai per incontrare un avadhuta di nome Yogi Ram Surat Kumar. Aveva sentito dire che era un essere realizzato, e quindi lo andò a trovare nella residenza che i suoi devoti gli avevano fornito. Lo trovò sulla veranda mentre dava il darshan. Aveva con sé un pacchetto di datteri, si avvicinò e si prosternò, ma prima che si fosse completamente rialzata, l'avadhuta esclamò: "Amma! Amma! Amma! Amritanandamayi! La Madre tempo fa ha fatto visita a questo mendicante, e si è fatta fotografare con lui...". Le sue parole erano soffocate dall'emozione, e tornando indietro con la memoria sembrò perdersi in un sogno ad occhi aperti. La donna era interdetta, dato che lo incontrava per la prima volta, e si chiedeva come facesse a sapere che era devota di Amma.

Tornò a trovarlo l'anno successivo, e ad un certo punto gli fece una domanda spirituale. Con tenerezza ma con forza, lui rispose: "Perché fai a *me* questa domanda? La tua insegnante è sublime! Sei in ottime mani, completamente protetta. Oh, Amma è così grande!", e cantò le lodi di Amma.

Una volta qualcuno chiese ad Amma: "Qual è il più grande sacrificio dei Mahatma?", e lei rispose: "Essi vengono sulla terra e vivono come porci tra i porci per cercare di elevarli".

Siccome le persone intorno rimasero un po' sconcertate, Amma fu svelta ad aggiungere: "Amma sta solo scherzando!". Ma io penso che stesse dicendo una verità che non eravamo pronti ad accettare.

Avere l'opportunità di vivere con un Guru come Amma è il più grande privilegio di questa vita. Mai prima d'ora un'anima realizzata ha donato al mondo tanto quanto Amma. Un avadhuta può forse avere raggiunto lo stesso livello di coscienza di un Mahatma, ma Amma sacrifica totalmente quello stato supremo per amore e compassione nei nostri confronti. Amma è costantemente alla ricerca di nuovi modi per renderci felici, per donare maggiormente se stessa, e per eliminare l'ombra d'ignoranza che offusca la nostra visione e ci causa tanta sofferenza.

Ovunque ci troviamo, dobbiamo trarre il massimo dalla situazione in cui Dio ci ha collocato. Anche se viviamo nel mezzo del frenetico mondo materiale, qualsiasi cosa facciamo, non è corretto considerare alcune circostanze spirituali, e altre materiali. Per Amma, che conosce la Verità, non c'è differenza. Lei vede Dio in tutto il creato, e quindi che cosa può essere definito materiale? Se compiamo buone azioni, riceveremo la grazia ovunque siamo.

Alcune persone si lamentano che lontano da Amma la vita quotidiana è più complicata, e immaginano che i loro problemi svanirebbero se potessero vivere alla presenza fisica di Amma. Senza commiserarci, dovremmo invece cercare di rimanere collegati all'essenza dell'amore e della compassione universali di Amma e di fare del bene al nostro prossimo in ogni modo possibile. Solo allora la grazia ci guiderà lungo il cammino della vita.

Capitolo 13

Angeli dello tsunami

La domanda più urgente della vita è:
Cosa stai facendo per gli altri?
Martin Luther King Jr.

Nell'estate del 2003, Amma aveva messo in guardia che presto si sarebbe potuta verificare una terribile calamità naturale, e che niente avrebbe potuto evitarla. L'unica cosa da fare era pregare e cercare di compiere buone azioni.

I devoti di Amma cominciarono a prepararsi per le difficoltà a venire. Alcuni ritirarono tutti gli investimenti dal mercato azionario, acquistarono oro o si trasferirono in località diverse. Altri ritennero che la cosa più sicura fosse trascorrere maggior tempo possibile con Amma ad Amritapuri.

Recentemente, Amma si è burlata innocentemente di quelle persone che erano venute in India cercando di sfuggire alla preannunciata catastrofe. Invece, l'ashram in India è *esattamente* dove colpì lo tsunami.

Fortunatamente, la protezione di Amma fu totale e completa. Nemmeno uno dei diciottomila devoti presenti all'ashram quel giorno restò ferito. Fu straziante venire a contatto con la morte e la distruzione che colpirono tutt'intorno all'ashram, ma l'amore avvolgente di Amma ci protese completamente. Attraverso la sua potente grazia, alcune persone ebbero le esperienze più profonde della loro vita.

Quando lo tsunami colpì la costa del Kerala, l'ashram era affollato di ospiti stranieri. Per molti di loro, la vita all'ashram, con il vitto e l'alloggio così modesti, era già difficile. Dopo lo tsunami, tutti i residenti e i visitatori dell'ashram furono evacuati negli edifici dell'Università Amrita, dall'altra parte del canale. Fu una scomodità piuttosto irrilevante, in confronto alle tragiche perdite che ci circondavano. Gli abitanti dei villaggi avevano perso la casa, i loro beni e in molti casi uno o più membri della loro famiglia.

Persone del luogo, residenti e visitatori dell'ashram furono trasportati sulla terraferma. Tutti dovettero accontentarsi dei vestiti che avevano addosso al momento della tragedia. Vivevamo come rifugiati, tra scomodità e privazioni, dormendo nelle aule e nei corridoi, in qualsiasi spazio libero. Ma tutti facemmo lo sforzo di mantenere il buon umore.

Di fronte agli abitanti della zona che avevano subito perdite così irreparabili, era facile lasciarsi alle spalle il bisogno delle comodità. Invece di pensare a quello che mancava, tutti cercarono di rendersi utili, tagliando verdure, servendo il cibo alle persone del luogo, facendo volontariato all'ospedale e consolando gli afflitti. In questo modo, gli ospiti e i residenti dell'ashram realizzarono l'aspirazione di Amma: accendere la luce dell'amore nel nostro cuore per alleviare la sofferenza altrui.

In quella notte indimenticabile, un gruppo di americane stava cercando di addormentarsi sul nudo cemento. Una di loro si sdraiò a terra usando come coperta una stuoia di paglia. Capì come dovevano sentirsi i senzatetto che dormono in modo simile usando scatoloni di cartone. Si guardò attorno e vide che la sua vicina usava un reggiseno imbottito come cuscino, orgogliosa dell'uso industrioso del proprio abbigliamento. Ma un'altra donna cominciò a ridere, reclamando il premio per la creazione più ingegnosa di un cuscino: un paio di mutandoni lunghi da uomo indossati per ben tre giorni! Il proprietario li aveva sacrificati e generosamente glieli aveva dati. L'ilarità fu ciò che diede alle persone la forza di superare quei momenti difficili.

Quando nel 2006 Amma pronunciò il suo discorso a New York in occasione della consegna del Premio conferitole dal Centro Interreligioso, affermò che dovremmo tutti diventare un modello per infondere negli altri il desiderio di compiere buone azioni. Una devota australiana è stata di straordinaria ispirazione per molti di noi. Penserò sempre a questa giovane come a uno degli angeli dello tsunami, anche se, nella sua umiltà, a lei non piace essere considerata tale. Questa ragazza frequentava il secondo anno di medicina in Australia, e quando avvenne lo tsunami si trovava in vacanza in Tailandia con un'amica, alloggiata nella quarta fila di bungalow sulla spiaggia. Le prime tre file vennero completamente spazzate via dall'ondata. La grazia l'aveva salvata fin dall'inizio.

In quella che avrebbe dovuto essere la giornata festiva di S. Stefano, la ragazza si svegliò sconvolta udendo urla terrificanti. Dopo una notte trascorsa a festeggiare, si ritrovò all'improvviso in un mondo sottosopra. La sua compagna di stanza entrò in camera gridando istericamente che aveva visto avvicinarsi un'onda gigantesca. Un rumore assordante riempì la stanza come se un aeroplano stesse sganciando bombe su di loro. La ragazza non capiva se stesse sognando o fosse ancora un po' brilla dalla notte precedente, ma era certa di non aver mai avuto tanta paura in vita sua.

Con il bungalow e i nervi scossi all'inverosimile, aprirono la porta. L'acqua le circondava completamente, i gradini d'ingresso erano scomparsi, e tutti gli articoli del ristorante e dell'ufficio turistico galleggiavano intorno. Computer, vestiti, altoparlanti e zaini – che una volta avevano rappresentato i mezzi di sussistenza e i desideri di tanti – ondeggiavano ora nell'acqua impetuosa. L'isola di paradiso si era trasformata in un incubo; in un istante la prospettiva era cambiata.

I sopravvissuti furono evacuati sulle alture, e dopo qualche ora fu loro concesso di ritornare. Le due ragazze australiane si diedero da fare per rendersi utili. I luoghi che avevano visitato qualche giorno prima erano ormai irriconoscibili: barche appese agli alberi, marciapiedi di cemento in posizione verticale e i corpi delle vittime sparsi al suolo tra le macerie e i vetri in frantumi. Si recarono all'ospedale per cercare i loro amici, ma non li tro-

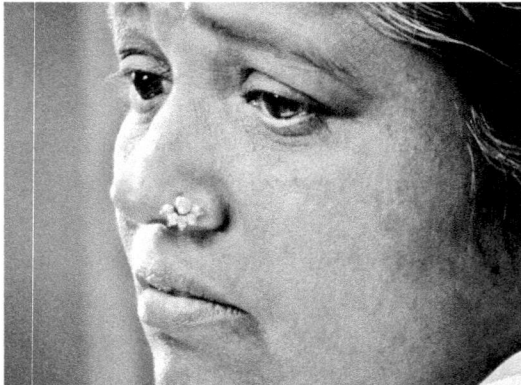

varono da nessuna parte. La destinazione successiva fu l'obitorio che, pieno di corpi in decomposizione, era nel caos più completo. Decisero di fermarsi ad aiutare, perché serviva un sistema migliore per far fronte al grande numero di cadaveri. Alcuni corpi erano in uno stato di avanzata decomposizione, e ben pochi sapevano affrontare una situazione tanto orribile. Chi cercava di identificare i proprio cari non riceveva alcun sostegno, a parte quello di pochi volontari, la maggior parte dei quali però se ne andarono dopo un giorno, incapace di sopportare l'odore e le terribili immagini. Una delle due ragazze, troppo sensibile per lavorare all'interno con i cadaveri, si mise ad aiutare fuori.

L'altra invece rimase, lavorando più di dodici ore al giorno, aiutando le famiglie a compilare la descrizione dei loro cari. Essi segnalavano oggetti e segni riconoscibili, come gioielli, tatuaggi, piercing o cicatrici, e lei raccoglieva le informazioni e poi cercava tra i corpi sperando in un'identificazione. La sera aspettava le nuove consegne dei cadaveri appena recuperati. Li esaminava non appena l'equipe di medicina legale aveva terminato, in modo da poterli identificare immediatamente, evitando alle famiglie l'orrore dei volti in decomposizione. Era un posto atroce, in cui nessuno mai vorrebbe trovare i propri cari.

Ammirando i suoi sforzi, i medici erano gentili con lei, anche se a volte la prendevano in giro definendola l'ultimo gradino della catena alimentare: spesso doveva usare un coltello per grattare via brandelli di pelle morta e vermi in modo da preparare un cadavere al riconoscimento dei familiari. Ma a lei non importava, perché non c'era nessun altro disposto ad assumersi quel compito.

Era un lavoro molto traumatico: ogni minuto, la ragazza affrontava un orrore più grande di quanto la maggior parte della gente non sperimenti in una vita intera. Confessò poi che soltanto il ricordo di Amma le aveva dato la forza di continuare.

Capendo il tormento e la sofferenza delle famiglie che si recavano a cercare i resti dei propri cari, cercava di risparmiare loro qualunque dolore aggiuntivo. Oltre ad aiutare nell'identificazione dei corpi, cercava anche di confortare i sopravvissuti. A volte li portava a bere un caffè oppure offriva loro un sostegno emotivo.

Dopo qualche mese di questo volontariato, finì i soldi e dovette ritornare in Australia. Ovviamente, dopo aver trascorso così tante ore circondata da corpi putrefatti, vermi, calura e indicibile sofferenza, la sua visione della vita era cambiata del tutto. Arrivò a casa con una sensazione di estraneità totale, disgustata dalla futilità di valori come "Ho comprato una gonna nuova...", "John ha tradito Sarah...".

Si sentì molto irrequieta in Australia pensando alla sofferenza della gente di altri paesi.

Poiché non aveva abbastanza fondi per viaggiare, decise di raccontare la sua storia a un quotidiano in cambio del denaro necessario per comprare un biglietto aereo per lo Sri Lanka. Partì col fratello, col quale lavorò instancabilmente per portare aiuto alle vittime dello tsunami.

In un'occasione, si presentò un uomo con un'estesa ferita sanguinante al capo. I medici locali si rifiutarono di assisterlo, e sebbene lei non avesse mai fatto una sutura prima, capì che era necessario agire tempestivamente, prima che l'uomo perdesse troppo sangue. Tentò coraggiosamente i primi punti di sutura, e poi completò con successo un'opera che persino i medici avevano esitato a intraprendere.

Fu nominata per il "Premio coraggio ai giovani australiani". Filantropi di tutto il mondo provarono commozione e ammirazione davanti alla sua grande forza e al suo altruismo. Sebbene non abbia ricevuto il primo premio, nel cuore di molti è considerata la vincitrice.

Ci fu un altro angelo dal cuore buono che sentì l'impulso di aiutare lo Sri Lanka dopo la tragedia. A causa dell'immensa devastazione dell'isola, i corpi venivano lasciati marcire sulla costa. Dopo aver trovato sulla spiaggia il corpo abbandonato di una bambina, il giovane decise di prenderlo e farlo riposare in pace, come avrebbe fatto con una sorellina. Lo raccolse affettuosamente e lo seppellì con la stessa cura che avrebbe avuto per un famigliare. Continuò poi a raccogliere altri cadaveri con la medesima premura.

Visse senza cibo per lunghi periodi, svolgendo questo compito come un atto di servizio finché la gente del luogo si accorse della forza e della sincerità delle sue azioni, e decise di fornirgli da mangiare.

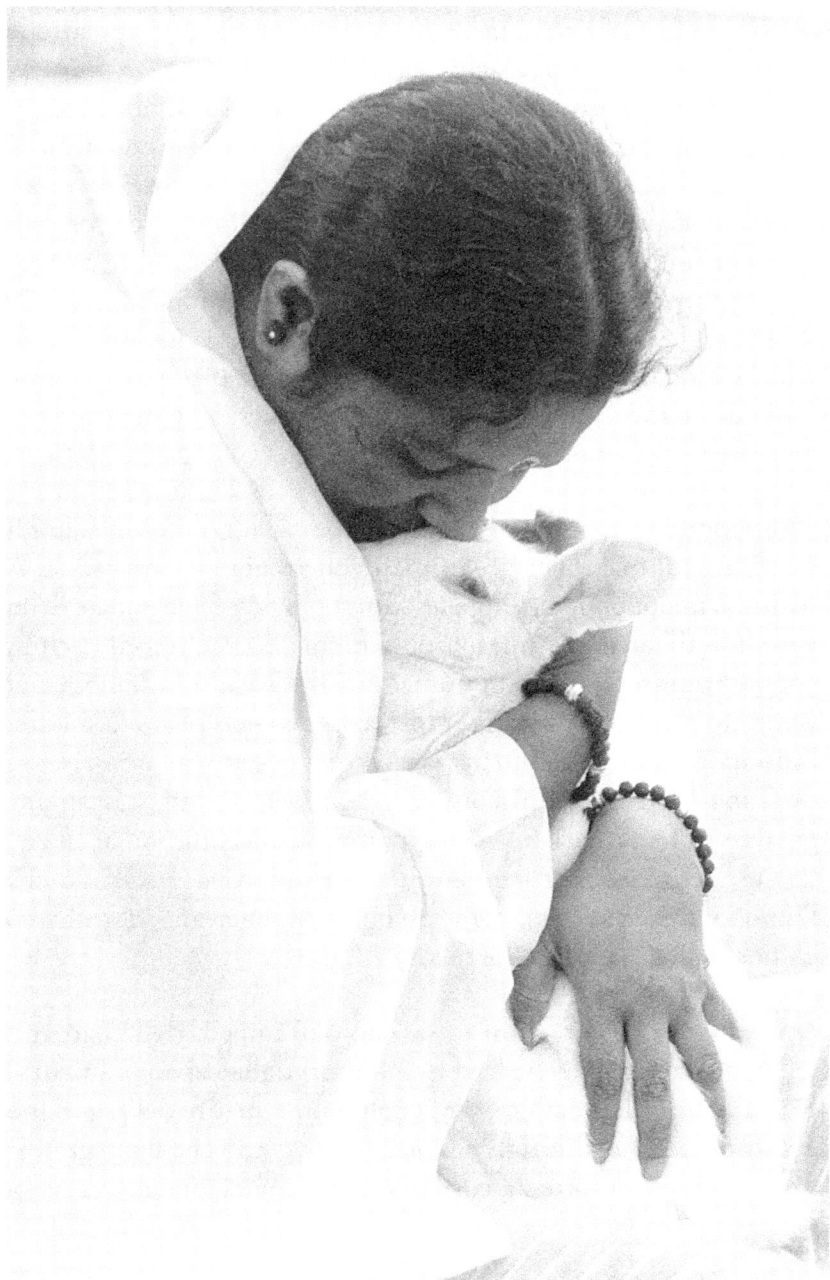

Sapendo che la gente necessitava di una profonda consolazione spirituale, decise di incoraggiare il canto di *Om Namah Shivaya*, e nonostante le minacce di morte dei gruppi militanti locali, dichiarò che non aveva paura di morire. "Possono uccidermi, se vogliono", disse, "ma organizzerò comunque la recita del mantra". E lo fece. È inutile dire che visti il suo coraggio e la sua forza di carattere, gli lasciarono fare come voleva.

Entrambi questi giovani dimenticarono completamente se stessi nel desiderio di essere d'aiuto ai bisognosi. Le loro azioni eroiche rendono molto migliore questo mondo pieno di egoismo. Quando siamo guidati dall'altruismo, l'ispirazione di Amma ci dà la forza di compiere cose straordinarie.

Nel periodo di grandi sofferenze del post-tsunami, non solo gli esseri umani ma anche gli animali vollero aiutarsi a vicenda. A Nairobi, un ippopotamo appena nato sopravvisse alle ondate dello tsunami abbattutesi sulla costa keniota. Pesava trecento chili, eppure fu trascinato da un fiume fino all'Oceano Indiano, e poi riportato a riva da un'onda impetuosa. Avendo perso la madre, l'ippopotamo era traumatizzato. Fu trasferito in una riserva di fauna protetta, e finì con l'essere allevato da una testuggine gigante centenaria. I due svilupparono un legame molto forte, e la tartaruga assunse il ruolo di madre adottiva, lasciando che l'ippopotamo la seguisse come un figlio. Mangiavano, dormivano e nuotavano assieme come madre e figlio.

Un bambino di sette anni fu salvato dall'impeto dello tsunami dal cane di famiglia che lo trascinò fuori dalla capanna in cui si era rifugiato e lo portò su per la collina. La madre del ragazzino era scappata con i due figli più piccoli, sperando che il più grande fosse abbastanza forte da correre più veloce dell'onda. Lui aveva cercato rifugio in una capanna, ma il cane l'aveva spinto fuori e poi su per la collina.

In tempi di paura e sofferenza, l'amore e la compassione superano ogni limite. Una volta lessi un ritaglio di giornale che parlava di un giovane funzionario statale molto attivo. Egli raccontava di aver accumulato molta esperienza nella gestione dei disastri durante il terribile incendio di una scuola a Kumbhakonam, vicino a Madras.

In quella tragedia erano bruciati vivi novantaquattro alunni, e i sopravvissuti erano rimasti gravemente feriti. Nell'incendio, alcuni genitori avevano perso anche due figli. È impossibile immaginare il loro dolore, o come siano riusciti a continuare a vivere dopo una tragedia simile. Il funzionario raccontò che durante il soccorso post-tsunami incontrò nuovamente alcune madri di quei bambini.

Tutti i genitori si riunirono e, nonostante la loro estrema povertà, raccolsero con tanti sforzi l'equivalente di duemilacinquecento dollari, che offrirono al funzionario. Le madri che avevano perduto i figli nell'incendio donavano ora del denaro per i bambini che avevano perso i genitori durante lo tsunami.

Per loro, la sofferenza era stata una maestra che li aveva aiutati ad aprire il cuore.

Durante lo tsunami, tutte le stanze al piano terra dell'ashram di Amritapuri furono inondate di acqua sporca e fango. Molti oggetti nel magazzino in cui lavoro furono rovinati o leggermente danneggiati. Dopo aver passato al vaglio e ripulito ogni cosa, trovai che molte vecchie perle che generalmente uso per confezionare collane e *mala* erano troppo malridotte per poterle utilizzare. Le misi da parte per regalarle ai bambini dei campi di soccorso, insieme al filo da pesca per infilarle, e a fermagli per me inutili, pensando che si sarebbero potuti divertire confezionando collane. Una ragazza li portò in un piccolo accampamento non lontano dall'ashram, e poi mi raccontò cos'era successo.

Le persone avevano steso a terra delle stuoie di plastica e poi disposto sopra tutto il materiale, ed erano rimaste in silenzio per diverse ore, infilando con attenzione le perline, realizzando così bellissime collane. Contrariamente a quanto avevo immaginato, non furono tanto le donne e i bambini a impegnarsi in questo progetto, ma soprattutto gli uomini. Lavorando con concentrazione, si divertirono molto e realizzarono cose splendide con gli scarti altrui. Alcuni uomini si adornarono con le collane, e tutti risero di cuore al buffo spettacolo.

Fu una meravigliosa opportunità per donare un po' di gioia a questi pescatori induriti, che avevano rivelato di sentirsi impotenti per non poter più fornire cibo, vestiti e riparo alle loro famiglie – sempre che una famiglia l'avessero ancora. Portare un sorriso sul volto di donne e bambini non era stato difficile, e grazie a quel passatempo anche gli uomini ebbero l'opportunità di tornare a sorridere.

Amma capì che questi pescatori sapevano guadagnarsi da vivere solo grazie al mare, e temeva che se non avessero lavorato per troppi mesi avrebbero potuto sviluppare tendenze suicide, frustrati dalla propria inutilità. Decise quindi di costruire loro dei nuovi pescherecci.

In India, i danni più grandi causati dallo tsunami si riportarono in Tamil Nadu. Amma inviò immediatamente dei brahmachari per iniziare le opere di soccorso, fornendo cibo e alloggi temporanei ai sopravvisuti, in attesa che si costruissero case in muratura. L'ashram distribuì riso e altre provviste solide a migliaia di persone. Mi trovavo accanto ad Amma mentre qualcuno le mostrava le fotografie scattate alla gente del posto mentre riceveva queste scorte, e non mi dimenticherò mai di una di esse. C'era un uomo che piangeva, con in mano una grossa borsa di plastica, mentre un brahmachari cercava di consolarlo. L'uomo aveva ricevuto del riso, ma non c'era nessuno per condividerlo con lui, perché tutta la sua famiglia era morta nello tsunami. Il terribile dolore scolpito sul suo volto rimarrà per sempre nella mia memoria.

Nel villaggio vicino ad Amritapuri molte famiglie furono devastate dalla perdita di parenti o figli. Alcune madri riuscirono a concepire di nuovo, ma altre, che si erano sottoposte alla legatura delle tube, alla morte dei figli furono distrutte dall'impossibilità di darne alla luce altri. Alcune di loro avevano perso addirittura due figli.

Quando Amma venne a conoscenza del problema, si informò sulla possibilità di eseguire un'operazione che riaprisse le tube, in modo che le donne potessero concepire di nuovo, e insistette che per questi interventi i medici usassero le tecnologie migliori. Sei donne vi si sono sottoposte, e una di loro è rimasta incinta. Alla coppia, eternamente grata, è nato un bambino sanissimo.

Quando Amma seppe che gli interventi di riapertura delle tube non avevano avuto successo per le altre donne, consigliò i dottori dell'AIMS di prendere in considerazione la fertilizzazione in provetta. Tre di queste donne riuscirono così a concepire. Una di loro, che nella tragedia aveva perso un figlio e una figlia, diede alla luce due gemelli – un maschio e una femmina. Attraverso la grazia di Amma, alla donna è stata restituita tutta la famiglia. Potremmo definire questi neonati i veri angeli dello tsunami. Amma ha ridato a queste donne la vita e la capacità di tornare a sorridere, uno dei miracoli più grandi.

Capitolo 14

Dimenticare noi stessi

*Quando una persona risponde alle gioie e
ai dolori altrui come se fossero i propri, ha
raggiunto le vette più alte della spiritualità.*

Bhagavad Gita 6:32

L'amore di una vera madre è incomparabile, e così pure la
sua pazienza e la sua perseveranza. Si dimentica di se stessa,
dando al benessere dei bambini la precedenza sui propri
bisogni. A volte sacrifica addirittura il cibo e il sonno, ma lo fa
con gioia, per amore verso il figlio.

Sull'immensità dell'amore materno, Amma narra una storia.
È un racconto che proviene dal Tamil Nadu e che testimonia
l'amore e il sacrificio di una grande regina nei confronti del
mondo. Per la regina si stava avvicinando la data del parto, e
chiese quindi a un astrologo di predire il futuro del bambino. La
previsione dell'astrologo fu che se fosse nato in un certo momento,
il bambino avrebbe causato molte disgrazie alla madre, al re suo
padre e al regno, ma che sarebbe stato un grande essere, gentile,
generoso e propizio, nascendo più avanti.

La regina purtroppo entrò presto in travaglio, e iniziò a pensare: "Se partorisco adesso, il bambino sarà la sventura di tutto
il regno. Non posso permettere che questo succeda". Chiamò la

domestica e si fece appendere a testa in giù, per ritardare la nascita del bambino. Restò in quella posizione fino alla data propizia.

Dopo il parto, a causa del grave trauma, la regina non sopravvisse ma, grazie all'incredibile sacrificio della madre, il figlio divenne in seguito un grande santo.

Non c'è niente di più potente dell'amore materno. In Tailandia, durante lo tsunami, mentre tutti si lasciavano prendere dal panico e fuggivano terrorizzati, una donna svedese si mise a correre nel senso opposto, dritta verso l'onda gigantesca. Fu fotografata mentre si precipitava nell'acqua, cercando di salvare il marito, il fratello e i tre figli. In seguito i giornali riportarono che nessuno sapeva se la madre o il resto della famiglia fossero ancora vivi. La donna in seguito vide l'articolo del giornale e raccontò che l'intera famiglia era sopravvissuta: si erano ritrovati tutti dopo essere stati trasportati dall'onda su un'altura. Avendo visto la morte tanto vicina, si resero conto del valore della vita e della forza dell'amore di una madre, disposta a rischiare la sua esistenza per salvare gli altri. La purezza e l'altruismo del suo amore le daranno sempre la forza necessaria per affrontare qualsiasi cosa.

Se qualcuno sta annegando e vogliamo salvarlo, non possiamo preoccuparci di noi stessi, dobbiamo dissolvere l'ego e agire. Allo stesso modo, se amiamo davvero Dio, possiamo dimenticare completamente noi stessi. È questo il tipo di amore che dovremmo cercare di sviluppare, l'amore che Amma ha per il mondo e che le dà la forza di continuare a ricevere le persone senza sosta.

A volte, quando i devoti si avvicinano ad Amma per il darshan, nel loro entusiasmo di trovarsi tra le sue braccia, si precipitano su di lei, le salgono sui piedi, e a volte le fanno anche male fisicamente. Pretendono da lei moltissime cose, e Amma tratta ogni richiesta come se provenisse da un suo figlio biologico. Noi riusciremmo ad ascoltare seduti tranquillamente la stessa serie di domande per non più di mezz'ora, prima di alzarci e scappare via, ma Amma resta seduta e pazientemente presta attenzione a tutti. Conforta i cuori afflitti e ascolta problemi per ore di fila, anche se il corpo le duole. Amma non pensa mai alla proprie comodità, e prima di se stessa mette sempre tutti gli altri.

Amma è il perfetto esempio del perfetto controllo di sé. A volte a noi sembra di aver raggiunto il limite, eppure, se superiamo quel punto, scopriamo che riusciamo ad avanzare ancora un po'. Per Amma non ci sono limiti né confini. Qualunque siano le sue condizioni, dà sempre il massimo in ogni occasione. È l'amore a darle la forza e l'abilità di fare qualsiasi cosa.

Per quanto riguarda noi, anche se ci impegniamo al meglio per seguire il suo esempio, spesso non ne siamo capaci. La nostra mente ci induce a pensare che forse dovremmo riposarci di più, o magari risparmiare le forze, se non ci sentiamo bene. Amma no. Lei offre ogni suo respiro al mondo, senza pensare mai a se stessa. È l'esempio della compassione e del perdono assoluti. Forse questo spiega perché molte persone la considerano l'"Assoluto".

Nel 2003 dovemmo cancellare il tour australiano a causa della difficoltà di viaggiare con un folto gruppo durante l'emergenza *SARS*. In quel frangente, ricevetti la lettera dell'organizzatrice di un gruppo di satsang in Australia, che diceva:

> Sono stata molto impegnata nella preparazione del tour, e ovviamente, come tanti altri, in questo frangente sto soffrendo, perché tutti desideriamo ardentemente vedere Amma.
> So che Amma conosce i pensieri e i sentimenti dei suoi figli, e che sta pensando a noi molto intensamente ed è triste di non poter venire.

Da parte mia, vorrei che Amma sapesse che i suoi figli, attraverso la sua grazia, hanno trovato la forza di affrontare positivamente questa circostanza. È stato solo in virtù della sua grazia che sono sorti e continuano a sorgere tanto amore, cooperazione, efficienza e apertura di cuore. Le mie non sono lacrime di tristezza ma di una gratitudine che non so esprimere adeguatamente a parole... Desidero soltanto inchinarmi ai suoi piedi ora e sempre.

È davvero meraviglioso che Amma possa avere una tale sollecitudine materna per ogni individuo e contemporaneamente un intuito universale che include passato, presente e futuro.

Rendermene conto è stato un dono molto sacro, per quanto modesto sia il mio livello di comprensione. Questo è davvero il prasad più dolce di Amma, e cercherò di comportarmi in modo maggiormente dharmico nelle mie interazioni quotidiane, perché la mia Amma, che è l'Architetto della Legge, sceglie di comportarsi come esempio di perfezione per i suoi figli.

Siamo così fortunati di poterci considerare figli di Amma, di poterla servire e di imparare a camminare, anche se traballanti, sulle sue sacre orme.

Nella vita abbiamo una scelta. Possiamo soffrire, o percepire la volontà di Dio anche nelle circostanze sfortunate, come fecero questi devoti che, nonostante la profonda tristezza per la mancata visita di Amma, dimenticarono i propri desideri personali in un atto di abbandono.

Quando grazie all'amore il cuore si apre fino a vedere la volontà divina in tutto, anche nelle situazioni avverse, allora riceviamo davvero la grazia.

Mentre alcune persone sono felici di aver sviluppato un profondo attaccamento nei confronti di Amma, altre invece se ne preoccupano pensando di dover diventare più libere e indipendenti, non comprendendo il valore dello struggimento che cominciano a provare per Amma.

La nostra mente ha sempre bisogno di attaccarsi a qualcosa. Da piccoli, ci avvinghiamo alla mamma e al papà. Crescendo, desideriamo trascorrere più tempo con gli amici, e quando ci sposiamo dipendiamo dal marito o dalla moglie. La natura della mente è tale da volersi sempre appoggiare a qualcosa. Amma si offre come una scala per condurci alle vette della realizzazione di Dio. L'attaccamento ad Amma ha il solo scopo di guidarci verso lo stadio più elevato, irraggiungibile con le nostre sole forze.

Una giovane, col passare degli anni desiderava trascorrere sempre più tempo con Amma, e si sentiva a disagio per questo bisogno, così estraneo al tipo di formazione che aveva ricevuto in occidente. Raccontò i propri sentimenti ad Amma, che rispose: "Ad Amma piace la tua innocenza, e questo tuo desiderio così puro si avvererà. Inizialmente, la devozione è difficile. Inizia come un fiume e infine si trasforma in un oceano. E un giorno non ci sarà più distanza tra te e l'oceano".

Dopo aver raccontato ad Amma le sue incertezze, mi confidò come si sentiva:

Ho trovato molto conforto nelle sue parole. Amma mi ha detto di avvicinarmi a lei. Credo che intenda che sto crescendo, che sono ancora una bambina e ho bisogno di stare vicino a mia Madre in modo

che il legame con Dio cresca e quello con il mondo diminuisca. Per sostituire l'attaccamento che ho per il mondo con quello per lei, ho bisogno della sua presenza. Quando il mio legame con Dio diventerà più forte, non sarà più necessario che io resti vicina alla sua forma fisica, perché a quel punto sarò diventata una cosa sola con lei.

Secondo la mentalità occidentale questo tipo di attaccamento è negativo. È considerato una regressione perché siamo stati allevati pensando che ciò che ci fa crescere in maturità e responsabilità sia l'indipendenza. Ma non siamo mai indipendenti; infatti, dipendiamo dal mondo per la realizzazione dei nostri desideri, e ciò è causa di sofferenza. La mia mentalità occidentale continua a criticare quella che considera una regressione, affermando che ho bisogno di trovare Dio dentro di me e che per questo basta la meditazione. Il mio rapporto con Amma mi ha aiutata a essere meno dipendente dagli oggetti materiali che non mi servono; Amma sta letteralmente rimpiazzando quegli attaccamenti.

Alcune persone si riscoprono grazie alla devozione, mentre altre si perdono completamente in essa.

In viaggio attraverso lo stato del Karnataka, passammo la notte a Karwar, in una scuola di Amma. La gente del luogo era molto emozionata al pensiero del programma di Amma e traboccava di devozione. Mentre si dirigeva all'auto per recarsi al programma, la polizia era allineata per evitare che la folla si precipitasse verso Amma. Con l'incontrollabile devozione della folla, i poliziotti si dimenticarono che spettava a loro impedire alla gente di riversarsi su Amma e anzi furono i primi a precipitarsi a toccarle i piedi. Con un ribaltamento di ruoli, fui io a dovermi comportare da poliziotta e a staccarli da Amma, in modo da poter passare.

Nel 2006 ad Ahmedabad, una famiglia con una donna anziana molto malata venne a ricevere la benedizione di Amma. L'anziana non era in grado di parlare né di camminare e veniva alimentata con una fleboclisi. Il fratello chiese ad Amma di guarirla, dicendo che negli ultimi tre mesi si era immobilizzata e aveva perso l'uso della parola. La donna fu trasportata su una sedia, perché era in condizioni semi-vegetative. Alcuni anni prima Amma aveva fatto visita alla loro casa, e quindi la famiglia era venuta nella speranza che la devozione risvegliasse qualcosa in lei.

Amma chiamò per nome l'anziana donna diverse volte finché gradualmente fu in grado di riconoscere la voce di Amma e tornare lentamente alla vita. Felice, emise dei gemiti e cominciò a muovere le braccia, cercando di toccare le labbra e il viso di Amma. Aveva gli occhi colmi di lacrime e così pure il fratello, sopraffatto dalla gratitudine. Anche quelli di noi che assistettero alla scena iniziarono a piangere. Fui molto commossa nel vedere una persona in stato quasi comatoso tornare alla vita e riconoscere subito Amma.

L'anno successivo, la famiglia la condusse di nuovo ad incontrare Amma su una sedia a rotelle. Mentre entrava nella stanza, il suo volto si illuminò per l'eccitazione. Allungò le mani per toccare il volto sorridente di Amma. Non riusciva davvero a parlare, ma sforzandosi riuscì a pronunciare quattro parole, che ripeté diverse volte, per la gioia generale: "Amma... ti... voglio... bene". Eravamo tutti felici nel constatare l'enorme miglioramento delle sue condizioni di salute. La famiglia disse che l'anziana signora non prendeva più nessuna medicina. Era l'amore per Amma a mantenerla in vita. Giovani e anziani, sono tutti bambini agli occhi di questo amore materno.

Alla fine di ogni programma, generalmente qualcuno si tiene pronto con le scarpe di Amma in mano e l'aiuta ad indossarle. Un devoto di Los Angeles aveva lavorato diligentemente durante i preparativi e gli organizzatori decisero di premiarlo per il suo impegno chiedendogli se desiderava essere lui ad avere le scarpe di Amma. Pensieroso, l'uomo esitava a rispondere mentre noi ci chiedevamo perché non accettasse immediatamente. Alla fine dichiarò: "Siete sicuri che mi vadano bene?".

Ridemmo tutti di gusto quando ci spiegò che aveva pensato che gli si offrisse l'opportunità di indossare per un po' le scarpe di Amma per assorbirne l'energia positiva.

Un signore, che amava la meditazione e aveva partecipato a molti ritiri, disse che la sua migliore meditazione si verificò nel 2002, quando ebbe l'opportunità di fare del volontariato al primo programma di Amma in Malesia.

In quelle due giornate, il gruppo in viaggio con Amma lavorò giorno e notte senza riposo, bevendo e mangiando pochissimo. Un tale dono di sé, però, sembrò tirare fuori il meglio da tutti. Non c'era il tempo per pensieri egoisti e tutti erano disposti a fare il possibile per dare una mano.

In quella folla di migliaia di persone che incontravano Amma per la prima volta, furono in molti a dover aspettare per ore sotto il sole, prima di ricevere il darshan. Il secondo giorno, c'erano oltre cinquecento famiglie con bisogni speciali, bambini su sedie a rotelle e centinaia di anziani. La sala era troppo piccola per accogliere l'enorme pubblico e quindi cercammo di allestire un'area all'aperto, ma all'ombra, dove queste particolari famiglie potessero attendere il loro turno.

Durante i programmi, il gruppo del tour prestò un servizio entusiasta senza avvertire alcuna difficoltà. Era la grazia di Amma che consentiva loro di lavorare tanto duramente e di sentirsi appagati, nonostante la mancanza di riposo e comfort. In quei giorni, alcuni videro Amma solo un paio di volte e solo per cinque minuti, quando poterono passarle il prasad durante il darshan. Tuttavia chi lavorava al banco vendite e cercava di gestire la folla, disse che non si era mai sentito così vicino ad Amma. Smisero di pensare a se stessi nell'atto del servizio, e ciò diede loro più pace mentale di qualsiasi meditazione.

Attraverso il servizio troviamo Amma dentro di noi e trascendiamo l'egoismo, arrivando a una vera libertà e felicità. Ciò che guadagniamo ha un valore inestimabile, e ciò che perdiamo o di cui ci dimentichiamo è proprio quello che ci separa dal nostro vero Sé.

Quando i giornalisti chiedono ad Amma cosa prova abbracciando le persone, lei risponde che diventa una cosa sola con loro, sente i loro dolori, le sofferenze e le gioie. Vede gli altri come se si trattasse del suo viso allo specchio. Non percepisce la dualità, ma l'unità. Grazie all'amore altruista possiamo tutti diventare una cosa sola.

Capitolo 15

Vero abbandono

Se volassero scintille
Penserei che vengono a placarmi fame e sete.
Se precipitasse il cielo
Penserei che scende per lavarmi.
Se mi travolgesse una collina
Penserei che viene ad adornarmi i capelli.
O Signore candido come il gelsomino,
Se il capo mi cadesse dalle spalle
Penserei che è un'offerta a te.

Mahadevi Akka

Quando tentano di lodarla per tutto quello che fa, Amma non vuole mai prendersi il merito di niente. Nella sua incredibile umiltà, dice di essere semplicemente uno strumento. Afferma inoltre di avere molti figli di buon cuore e che è grazie a loro se tutti i vari meravigliosi progetti vengono portati a termine. Amma dice di essere come un condotto collegato alla Sorgente.

Nel 1987, quando partimmo per il primo tour mondiale, mi chiedevo spesso come sarebbero andate le cose. Noi amavamo Amma, ma cosa avrebbero provato le persone in occidente? Mi preoccupavo di come la gente l'avrebbe percepita, e quale delle tante straordinarie sfaccettature della sua natura divina sarebbe stata compresa.

La Santa Madre era solo uno dei moltissimi aspetti che Amma ci mostrava. Poteva in altri momenti diventare una bambina innocente, una donna folle, o anche Kali, che cercava di distruggere il nostro ego. Amma si trasformava nell'aspetto di cui avevamo più bisogno, per aiutarci a uscire dal guscio ristretto delle nostre preferenze e avversioni. Poteva incutere paura mentre correggeva i nostri errori, ma anche sciogliere i nostri cuori ostinati con un solo sguardo pieno di compassione. Amma parlava poco la lingua inglese e indossava vestiti tradizionali indiani, e mi chiedevo quindi se gli occidentali sarebbero stati pronti ad accettarla, riconoscendo in pieno la sua grandezza, profondamente nascosta dietro l'umiltà.

All'ashram, noi consideravamo Amma assolutamente irresistibile, ma il mondo non aveva mai incontrato un Maestro spirituale come lei. Ovviamente le mie sciocche preoccupazioni si dimostrarono del tutto infondate. Amma non aveva mai avuto alcun dubbio che sarebbe stata accettata. Era completamente abbandonata alla volontà di Dio e ci consigliava sempre di non preoccuparci, perché Dio avrebbe sempre provveduto a ogni cosa.

Amma non ha mai permesso a nessuno di chiedere qualcosa a suo nome, e ha sempre voluto che lavorassimo duramente per ottenere il necessario. Fin dall'inizio, quando le prime persone venivano da lei per confidare le proprie sofferenze, la grazia di Dio e il destino si sono rivelati insieme.

Ai vecchi tempi, l'ashram era costituito di poche capanne, e noi dormivamo spesso all'aperto, sotto le stelle. A volte, i nostri scarsi alloggi venivano offerti agli ospiti che non avevano altro posto in cui stare. Proprio quando un devoto finalmente offrì del denaro per costruire una sala di preghiera, Amma venne a conoscenza della triste condizione dei bambini dell'orfanotrofio di Paripally. Con i soldi destinati alla costruzione della sala, Amma decise invece di acquistare l'orfanotrofio per migliorare le terribili condizioni di vita dei bambini. Dovemmo aspettare diversi anni prima che la sala venisse costruita, ma Amma sapeva che in un modo o nell'altro ce la saremmo sempre cavata.

A volte, quando un prodotto indispensabile finiva, ci facevamo prendere dal panico non sapendo come fare per acquistarne dell'altro, dato che non c'era denaro. E proprio nel momento in cui stavamo diventando davvero ansiosi, si presentava qualcuno con una piccola donazione che corrispondeva esattamente alla cifra necessaria. E così ci rendevamo conto di quanto fossero state ridicole le nostre preoccupazioni. Dio si prendeva costantemente cura di noi.

Amma ha sempre saputo che era destinata a diventare quella che è. Pienamente consapevole della propria natura fino dalla nascita, sapeva di doversi offrire al servizio del mondo. Credo che sia la grazia di Dio a darle la forza di servire gli altri, di fare quello che fa. Secondo i canoni della medicina tradizionale, è inspiegabile che abbia la capacità di andare avanti in questo modo.

La maggior parte dei grandi santi del passato hanno sofferto di qualche malattia, ma nonostante le difficoltà hanno comunque servito il prossimo. Non si sono rinchiusi in una stanza né hanno evitato la gente a causa dei loro problemi di salute, trasmettendo così il messaggio che dovremmo cercare di trascendere le difficoltà per essere di beneficio agli altri.

Uno degli insegnamenti più grandi di Amma si trae osservando la sua vita. Amma possiede un controllo formidabile di sé che le permette di trascendere la consapevolezza corporea. A volte durante i programmi notturni, quando siamo tutti pronti a tornare a casa per dormire un po', Amma rallenta il ritmo e alle persone rimaste dà i darshan più belli. Anche se il corpo le duole, lo trascende e se ne dimentica completamente. Ha fatto dono di se stessa al mondo e dice che un regalo non può essere ripreso indietro.

I Mahatma continuino a donare al mondo, senza poterne fare a meno, perché quella è la loro natura. Il loro cuore è così colmo di amore da traboccare di compassione e non smettono di dare anche se sono incompresi dal mondo.

C'era una volta un Mahatma nato in una casta molto bassa. Di professione vasaio, aveva continuato a lavorare anche dopo la realizzazione del Sé. Ogni giorno si recava nella foresta e con l'argilla e la sua ruota realizzava dieci vasi, poi trascorreva il resto della giornata in meditazione. Desiderava offrire i suoi vasi agli abitanti dei villaggi, ma poiché apparteneva a una casta bassa, nessuno accettava dei regali da lui.

Un giorno ideò un piano. Andò di casa in casa dicendo: "Ho dieci vasi da vendere. Siete interessati a comprarli? Li vendo a quindici rupie l'uno". Questo irritò la gente, che sapeva che i vasi avevano un valore minore. Nessuno volle comprarli perché poteva trovarli altrove a meno. Gli ordinarono di riprendersi i vasi e di andarsene.

Il vasaio disse: "Va bene, non siete obbligati a comprarli, mi riprendo i miei nove vasi", anche se in verità erano dieci. Nelle case, le persone pensarono: "Uhm, non si ricorda quanti vasi mi ha dato... posso tenermi il decimo". Il vasaio lasciò un vaso in ogni case che visitò, e nessuno si accorse che lo aveva fatto apposta.

In modo analogo, Dio ci dona sempre la grazia anche quando pensiamo di non volerla o averne bisogno. Non siamo in grado di capire davvero il modo in cui un Maestro perfetto lavora su di noi per allontanarci dalla sofferenza che ci infliggiamo da soli.

Con una mente e un intelletto limitati riusciamo a percepire solo una frazione di ciò che egli ci può davvero dare.

Una devota americana trovò in Amma ciò che aveva sempre cercato: una madre affettuosa e una guida spirituale che avrebbe potuto condurla dalle tenebre alla luce. Capì che soltanto la grazia avrebbe potuto colmare i vuoti della sua vita e renderla completa. Una sera, durante un programma all'ashram di San Ramon, stava parlando con un amico responsabile del seva del parcheggio quando all'improvviso furono interrotti da una donna che arrivò trafelata dicendo: "Uno dei vostri ragazzi ha bisogno di aiuto su in collina!".

L'amico chiamò la sicurezza con il walkie-talkie e poi aggiunse: "Perché intanto non vai tu a dare un'occhiata?".

La donna allora cominciò a salire la collina, tenendo in bocca un lecca-lecca che aveva avuto in dono poco prima.

Era una notte di luna nuova e a causa dell'oscurità non riusciva a vedere bene, ma ad un certo punto, alla sua sinistra, scorse tra i cespugli ciò che sembrava un cumulo di vestiti dal quale sentì uscire una voce: "Ehi, aiutami per favore!". Il mucchio di vestiti era in realtà due uomini! Un australiano della squadra di sicurezza era immobilizzato a terra da un uomo seduto sopra di lui.

Capendo cosa stava succedendo, la donna cercò di liberare l'uomo della sicurezza; l'aggressore tentò di divincolarsi, ma lei lo gettò a terra, col viso al suolo, bloccandogli il braccio destro dietro alla schiena in una morsa che gli impediva di muoversi. Lo teneva immobile, senza provare alcuna collera o paura, anzi preoccupata di poter fargli male nel caso avesse continuato a dimenarsi.

Qualche minuto dopo arrivò l'altro addetto alla sicurezza, anche lui australiano, che balzò sullo sconosciuto; con la situazione ormai sotto controllo, i due colleghi guardarono la donna con grandi sorrisi. Chissà se sorridevano al pensiero che una donna aveva salvato uno di loro, o perché in bocca stringeva ancora il lecca-lecca!

In seguito, la ragazza non andò mai da Amma a raccontare la sua avventura, per evitare di inorgoglirsi, ma molto rapidamente iniziò a circolare la storia di una giovane che aveva salvato due forzuti australiani. Amma fu deliziata dal fatto che l'eroe appartenesse al sesso femminile, e alla fine raccontò la propria versione umoristica dell'episodio. Una ragazza stava camminando su per la collina con un lecca-lecca in bocca; vide un pazzo che lottava con altri uomini; si avvicinò a lui, lo colpì con il lecca-lecca e l'uomo scappò a gambe levate.

A San Ramon una ragazza spiritosa le consegnò il diploma di "Eroina del lecca-lecca", e pensando che Amma si sarebbe divertita vedendolo, la donna lo conservò in attesa di un'occasione per mostrarglielo.

A Boston, l'ultimo giorno del tour prima del nostro ritorno in India, lo staff partecipò a un picnic con Amma. Mentre Amma distribuiva il pasto a tutti, la ragazza le mostrò il diploma.

Amma chiese all'australiano di raccontare come era stato soccorso, e poi, con il diploma in mano, cominciò a raccontare lei stessa una storia:

C'era un incendio, così esteso e violento da essere ormai incontrollabile. Molti camion dei pompieri erano arrivati sul luogo, ma nessuno osava avvicinarsi. All'improvviso, come sbucata dal nulla, un'autopompa si diresse velocissima verso l'incendio. Ciò infuse coraggio alle altre, che la seguirono riuscendo ad estinguere il fuoco in breve tempo. Pieni di ammirazione per il coraggio del primo pompiere, gli altri decisero di consegnarli un premio durante un grande banchetto in suo onore. Quando tutti gli ospiti

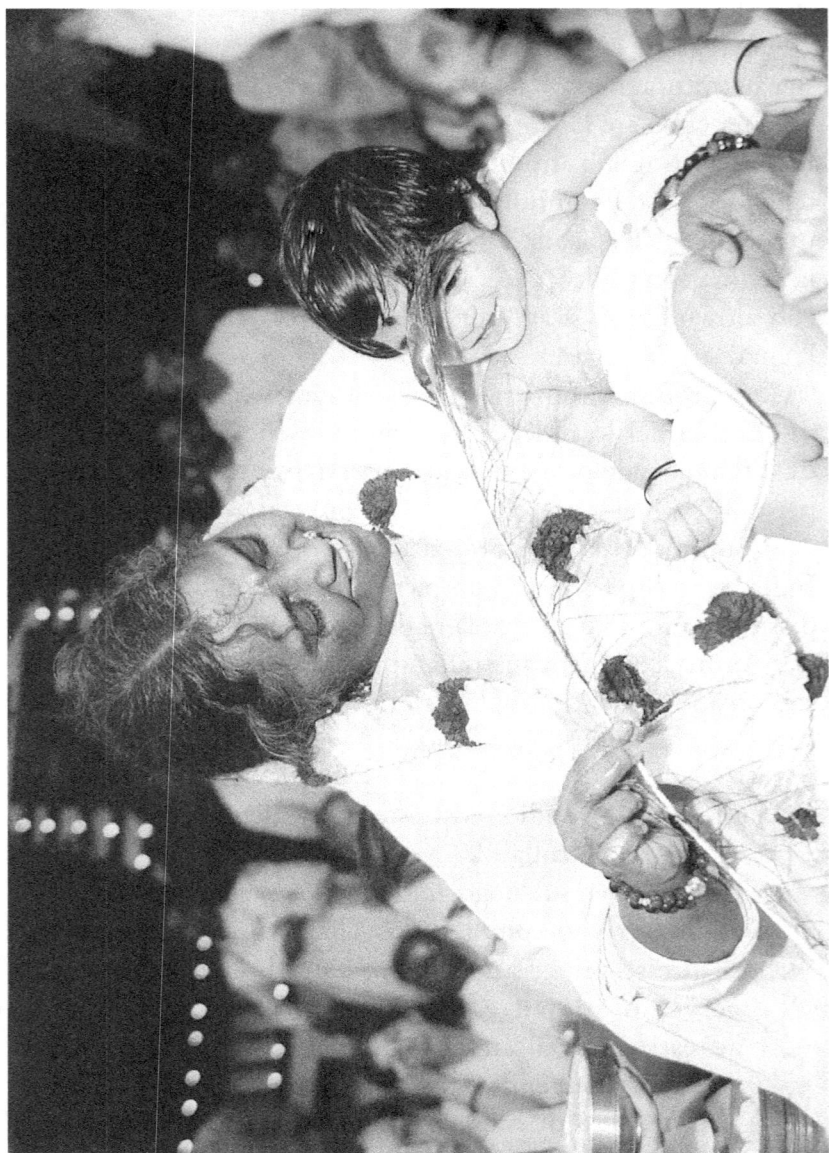

furono radunati chiesero al pompiere come potessero dimostrargli la loro gratitudine. Lui rispose: "Vorrei che riparaste i freni dell'autopompa!".

Tutti risero. Sollevando il diploma, Amma chiese: "È andata così anche per lei?". Nessuno rispose. L'"Eroina del lecca-lecca" iniziò a innervosirsi e tornò con la mente a quella sera, analizzando con occhio critico le proprie azioni. Ma Amma, voltandosi verso l'australiano, disse: "Hai raccontato la *tua* versione della storia... la parabola dell'autopompa era per te!". Amma fece poi un'imitazione della ragazza che succhiava il lecca-lecca, roteando gli occhi come una bambina, e facendo finta di colpire il cattivo con il lecca-lecca: ciò scatenò l'ilarità generale. Amma osservò il diploma per un po', con un largo sorriso sul volto, e poi lodò il coraggio della ragazza, baciandola sul capo e restituendole il diploma.

La giovane sapeva di essere stata soltanto uno strumento nelle mani del Maestro. Aveva agito con una mente calma e presente, senza paura, ansia o preoccupazione. Non aveva pensato al futuro, a come sarebbe andata a finire l'avventura, né era stata paralizzata dal passato, e quindi incapace di agire. Si era trovata nel momento presente e aveva risposto al bisogno di aiuto. Ritenersi l'autrice dell'azione sarebbe stato un grave errore. Sapeva che quando si compie qualcosa di meritevole, è attraverso la grazia del Guru.

Ripensandoci in un secondo tempo, la donna si rese conto che il vero eroe dell'evento era stato il lecca-lecca, simbolo dell'innocenza dei bambini. Il vero messaggio era costituito dal fatto che lei non si era mai staccata dal lecca-lecca o, per meglio dire, che il lecca-lecca non si era mai staccato da lei! In questo reale stato di innocenza, in cui si dimentica l'ego, la grazia del Guru ci trarrà sempre in salvo.

Amma ci ricorda che in questo viaggio non siamo mai soli: Dio è sempre con noi. L'amore e la luce del Supremo ci guidano costantemente, ma sta a noi permettere a Dio di tenerci per mano. Se ci abbandoniamo, la grazia ci colmerà, e riusciremo infine a raggiungere una vera felicità e pace mentale.

Una devota sudamericana, pilota da molti anni, volava sui Boeing 747, generalmente come copilota. Era solita pensare di avere il controllo della sua vita, finché non fece un sogno molto intenso. Nel sogno, era seduta di fronte al pannello degli strumenti dell'aereo e si voltava verso il primo pilota. Sussultando, si accorgeva che al comando c'era Amma. Amma le sorrideva e diceva: "Sono io a pilotare l'aereo!". La donna si svegliò felice e sollevata sapendo che la sua vita era davvero nelle mani migliori.

Quando nel 2006 arrivammo a Lucknow durante il tour del nord India, al termine del programma serale Amma accettò di far visita alla casa di un devoto. Il proprietario aveva ricevuto diversi riconoscimenti per il suo impegno nei confronti dei disabili e aveva scritto vari libri sull'argomento. Il figlio maggiore era sulla sedia a rotelle dall'età di diciassette anni e aveva anche seri problemi respiratori. Fummo tutti molto toccati dalle sue difficoltà.

Poi, entrò nella stanza il figlio minore. Camminava lentamente verso Amma, facendo un passo dopo l'altro a fatica, con l'aiuto di un girello. Soffriva della stessa malattia degenerativa del sistema nervoso che aveva colpito il fratello alla sua stessa età. Fu straziante vedere la loro estrema sofferenza fisica.

Amma conversò con loro, e chiese a che ora si svegliavano la mattina. Essi risposero che si alzavano alle cinque e che andavano a letto a mezzanotte. Lavoravano entrambi, uno in una libreria, l'altro in una banca, e cercavano di essere cordiali e disponibili coi clienti. Nonostante l'estrema disabilità, avevano la disciplina di dormire soltanto cinque ore per notte e di lavorare come persone sane e forti. Tutti noi fummo davvero toccati dal loro abbandono nei confronti della vita, nonostante una simile sofferenza fisica.

In uno dei tour, durante una pausa per il chai, un olandese raccontò al gruppo in viaggio con Amma la sua esperienza durante il programma della notte precedente. Stava aiutando a controllare la folla e alla fine dei bhajan si era avvicinato velocemente alla fila del darshan, per cercare di mantenere la moltitudine nell'area delimitata. Spesso la zona del darshan assomigliava a un autobus indiano durante l'ora di punta, affollatissima, tutta spintoni e strattoni. Ci voleva almeno un'ora perché questa impetuosità iniziale scemasse.

All'improvviso, un uomo dall'aria burbera gli si parò di fronte: "Posso andare al darshan, in fretta?", chiese.

"Ha il biglietto?", chiese l'olandese.

"No", disse l'uomo, "sono della polizia".

Non indossava alcuna uniforme e l'olandese aveva già ascoltato centinaia di ragioni per cui le persone reclamavano un posto prioritario nella fila: madri malate, problemi di cuore, ferite aperte, bambini disabili, o anche solo uno sguardo triste e implorante.

"Ha un documento?", gli chiese.

"No, ma ho una pistola", rispose indicando la cintola.

Leggermente intimorito, l'olandese avvicinò la mano alla cintura dell'altro, e scoprì che c'era davvero un'arma di grosse dimensioni. Iniziò a sentirsi davvero nervoso e disse in tono perentorio: "No, non può andare al darshan con una pistola". Cominciò a far lentamente retrocedere l'uomo, per allontanarlo da Amma e dalla folla in caso contemplasse di fare una pazzia. Sperava che l'uomo mantenesse la calma, e si guardò intorno in cerca di aiuto in quel frangente così delicato.

"Posso dare a lei la pistola e poi andare al darshan?", gli chiese gentilmente l'uomo.

"Sì, me la dia pure", rispose l'olandese, pensando che almeno in quel modo non sarebbe successo niente di grave. Qualche secondo più tardi, reggeva maldestramente tra le mani un'enorme pistola. Non ne aveva mai toccata una prima e non sapeva come maneggiarla. Infine vide uno swami e gli chiese aiuto. Ciò diede il via a un'altra lunga discussione, ma alla fine al poliziotto fu permesso di recarsi al darshan.

Nel frattempo, altre persone si erano accorte del trambusto e si erano avvicinate per dare un'occhiata alla pistola, che l'uomo aveva messo sotto la camicia, proprio come James Bond. Alcuni iniziarono a scherzare, chiedendosi particolarmente perché mai un agente di polizia avrebbe voluto consegnare la propria arma a un occidentale.

Il poliziotto ritornò dal darshan con le lacrime agli occhi. Raccontò che aveva percorso oltre centocinquanta chilometri in moto per incontrare Amma e che per avere il darshan era stato disposto a tutto, anche a consegnare la sua pistola. Si rendeva conto del rischio che aveva corso: se i suoi superiori avessero scoperto che aveva consegnato l'arma, l'avrebbero licenziato.

Proprio in quel momento arrivò un uomo politico della zona, famoso in tutto lo stato e grande devoto di Amma. Il politico cominciò a redarguirlo seriamente. L'agente di polizia sembrò sorpreso, poi sorrise e infine scoppiò a ridere, dicendo: "Mi sono abbandonato ad Amma, quindi non può succedere niente!". E a quel punto nessuno poté più replicare.

Amma dice che spesso le persone vogliono seguire la propria coscienza anziché le parole del Maestro. La nostra coscienza però ha le radici nei pensieri e nella mente, che a loro volta sono radicati in maya e nell'ignoranza; in queste condizioni, dove si può arrivare? Amma dice: "Abbiate semplicemente fiducia nell'esistenza del Guru. Soltanto la fede in un Maestro perfetto vi aiuterà a eliminare l'ego e tutti i pensieri egocentrici, permettendovi di vivere in modo mirabile e di abbracciare la morte con affetto".

La bellezza che permea la nostra vita si manifesta nella bellezza della nostra morte. Questa bellezza è possibile solo quando ci abbandoniamo a un vero Maestro, perché ciò equivale ad abbandonarsi all'esistenza intera.

Capitolo 16

Il progresso spirituale

Con tutti i tuoi averi – guadagna la comprensione.

Proverbi 4:7

Alcune persone temono che iniziare a condurre una vita spirituale più profonda significhi perdere tutta la libertà. Ma in verità, quando cominciamo ad abbandonarci, non è la fine, ma un meraviglioso inizio.

Un devoto sentì che era in costruzione un ashram in California; aveva il forte di desiderio di andarci a vivere, ma si chiedeva anche se spiritualmente fosse forte abbastanza per condurre una vita di quel tipo. Scrisse una lettera ad Amma, dicendo: "Voglio conoscere Dio ma desidero anche sposarmi e avere una famiglia. Devo trasferirmi nel nuovo centro di Amma?".

La risposta di Amma fu:

Amma sente la confusione di suo figlio. Tuta la nostra vita è una battaglia contro le vasana. Se vuoi scoprire se hai la forza sufficiente per vivere in un ashram, va' e prova. È certamente possibile fare una vita spirituale anche con il matrimonio, ma sul cammino si incontrano più ostacoli. Se si ha la ferma convinzione che tutto appartiene soltanto a Dio e che al mondo non c'è altro, si può percorrere qualsiasi sentiero si scelga. Qualunque strada tu decida di percorrere, non dubitare che Amma camminerà con te, tenendoti per mano, guidando ogni tuo passo.

L'uomo fu profondamente commosso dalla lettera di Amma, decise di trasferirsi in California e aiutò a costruire l'ashram. Nel corso degli anni, ha riscontrato che Amma lo tiene davvero per mano, conducendolo nella direzione giusta.

Anni fa, all'ashram di Amritapuri una devota era seduta vicino ad Amma, mentre qualcuno faceva da traduttore. Giocosamente, all'improvviso chiese: "Amma, qual è il mio difetto peggiore?".

Amma sorrideva ma esitava a rispondere. La devota insistette, e Amma alla fine rispose teneramente: "Sei portata a criticare".

La devota scoppiò a ridere, e così pure Amma. Altre persone osservavano da una certa distanza e vedendo che apparentemente Amma e la ragazza si stavano divertendo un mondo, si sentirono un po' gelose. In seguito quando chiesero alla donna il motivo della loro risata, lei ammise che era scoppiata a ridere perché Amma aveva colto perfettamente nel segno.

Continuò poi a raccontare: "Amma mi catturò, e fu una cosa assolutamente sensazionale. Mi metteva la mano sulle sue spalle perché le massaggiassi, erano muscolose come quelle di un giocatore di football americano! La massaggiavo per un po' e poi toglievo la mano, perché mi sentivo leggermente a disagio ad avere questa intimità con lei. Ma Amma continuava a mettere la mia mano sulla spalla, forse per addolcire il colpo in arrivo… Poi, teneramente, mi tolse i capelli dalla fronte, proprio come la mamma che non ho mai avuto. È stato dolcissimo.

"Allora io continuai: 'Un altro difetto?', pensando di poter accettare qualsiasi osservazione e quindi esortandola ad andare avanti. Amma esitava, perché non voleva ferirmi, ma io insistevo.

Ero tutta orgogliosa, perché avevo accettato la prima critica, e volevo che continuasse.

"Amma mi guardò con un sussulto, sapendo che non sarei stata felice di sentire il resto, ma io continuai ad insistere, e allora alla fine disse: 'Gelosa'.

"Non ero preparata a un'eventualità simile. Non mi consideravo per niente gelosa, e quindi questa volta non risi. E a quel punto Amma, vedendo che non riuscivo a reggere, aggiunse con dolcezza: 'Amma scherza!' Segretamente pensavo che si fosse sbagliata, ma anni dopo capii che aveva avuto perfettamente ragione.

"Dopo quel colpo mi sentivo un po' ferita, e quindi chiesi: 'Dimmi qualcosa di bello su di me, adesso', pur sapendo che era una domanda davvero stupida. Amma rispose: 'No, ti gonfierebbe l'ego e le lusinghe non sono una cosa molto positiva'.

"Infine aggiunse: 'Non essere come un bruco che mangia la foglia. Sii come una farfalla che nella sua breve vita volteggia lieve portando solo felicità intorno a sé'".

Amma dice che nelle azioni di un Guru vivente sono visibili tutte le qualità di Dio. In una collana di cristallo si vede chiaramente il filo. Analogamente, la presenza di Dio si manifesta in modo tangibile in un Mahatma, che si comporta come uno specchio, riflettendo così la nostra vera natura nella sua forma più pura.

Una donna abbandonata da poco dal marito andò ad incontrare Amma, raccontando di esser stata lasciata senza alcun motivo. In lacrime tra le braccia di Amma, era convinta di non aver commesso alcun errore. Amma le disse che doveva aver fatto qualcosa per rendere infelice il marito, ma la donna non ci credeva. Alla fine Amma disse che un marito vuole tutto l'amore della moglie e che lei non era stata in grado di darglielo. La donna ne fu scossa, ma poiché il darshan era finito e doveva far spazio alla persona successiva, non poté replicare.

In seguito, riflettendo sulle parole di Amma, capì quello che era davvero successo. Qualche anno prima, il marito di sua sorella era morto e lei l'aveva aiutata a prendersi cura della figlia. Il tempo trascorso con la bambina aveva creato un profondo affetto tra loro, tanto che dopo essersi sposata aveva continuato a pensare alla nipotina, con cui si sentiva spesso al telefono.

Ora finalmente capiva quello che aveva inteso dire Amma: lei non aveva dato tutto l'amore al marito, perché inconsciamente tanto amore, tempo e attenzione erano andati alla bambina. Questa fu per lei una rivelazione, ma finalmente grazie ad Amma capì perché il marito l'aveva lasciata. Amma comprende in profondità i nostri difetti, e il modo in cui si manifestano nei rapporti interpersonali. Amma è davvero onnisciente.

Nella primavera che seguì lo tsunami, Amma invitò all'ashram diverse migliaia di bambini a partecipare a due stage della durata di quattro giorni. Proprio quella mattina, un residente dell'ashram aveva appena finito di dire che riusciva a malapena a badare ai suoi due figli e non concepiva di poterne avere altri. La sera stessa si ritrovò personalmente responsabile di cento bambini. Anche i brahmachari che erano venuti all'ashram per evitare una vita di famiglia si ritrovarono incaricati di cento bambini a testa. Ci sono alcune cose nella vita, una parte di prarabdha, a cui non si può sfuggire del tutto, ovunque ci si trovi.

Eravamo assediati da bambini semi-selvaggi che mandavano in frantumi vasi e chiudevano a chiave le persone nelle stanze, costruivano aeroplani di carta che poi lanciavano dai balconi degli edifici, la notte facevano la lotta coi cuscini, squarciandoli e facendo volare l'imbottitura dappertutto. Erano come un secondo tsunami.

Applaudivano con un fragoroso battere di mani che risuonava come un tuono, quando Amma arrivava e se ne andava per i bhajan, e anche tra un canto e l'altro, nonostante fossero stati ripetutamente avvertiti di non farlo. Folti gruppi di bambini si alzavano di continuo per andare al gabinetto, disturbando chi stava cercando di concentrarsi. Distruggevano tutto, ma Amma voleva che questi bambini, reduci da un periodo così difficile, si divertissero e si sentissero liberi all'ashram, anche se molti di noi avevano serie difficoltà ad abituarsi a tanto caos. Desiderando che superassero il trauma e sviluppassero un senso di intimità verso di lei e verso l'ashram, Amma non era troppo severa.

Sebbene i bambini sembrassero indomabili, erano comunque sotto la protezione di Amma. All'ashram i bambini prendevano anche lezioni di nuoto per superare la paura dell'acqua. Un giorno, una delle insegnanti di nuoto sentì un impulso irresistibile a recarsi in piscina in anticipo. Aprendo il cancello, vide un corpicino galleggiare nell'acqua a faccia in giù. La donna si tuffò immediatamente e trascinò fuori il ragazzino. Piuttosto robusta, di solito faticava perfino a uscire dall'acqua da sola, ma fortunatamente in quell'occasione sollevò con facilità sia sé che il bambino lungo il bordo della piscina, e iniziò a praticare la respirazione artificiale. Il piccolo venne poi portato d'urgenza all'ospedale, dove si riprese molto in fretta. Si scoprì che il discolo si era arrampicato oltre il muro di cinta e si era tuffato in acqua nonostante non sapesse nuotare. Per fortuna la donna era arrivata appena in tempo, e il bambino era stato salvato.

La donna in seguito commentò che, pur non avendo nessun motivo per arrivare in anticipo, aveva sentito un impulso incontrollabile di precipitarsi in piscina. Non aveva dubbi che fosse stato l'intervento divino di Amma a farla arrivare appena in tempo per salvare il bambino.

Durante i quattro giorni dello stage, Amma diede ai ragazzini l'opportunità di parlare con lei attraverso sessioni di domande e risposte. Un bambino disse: "Amma, per favore perdonaci, siamo stati molto indisciplinati. Continuerai a benedirci anche se abbiamo fatto cose terribili?". Amma simpaticamente rispose: "Avete senz'altro la benedizione di Amma. Alla vostra età Amma era molto più indisciplinata di voi". Sapeva che era necessario tenere in considerazione vari livelli di coscienza nei bambini. Avendo perso ogni cosa, avrebbero potuto sentirsi abbandonati; invece guadagnarono moltissimo dall'indulgente amore di Amma che, a un livello molto profondo, li distanziò dal trauma subito. Amma cercava di creare una solida base di amore e sostegno da parte dell'ashram che li guidasse per il resto della vita.

All'inizio del 2007, mentre ci allontanavamo da Trichy alla fine di un programma, Amma notò alcune capanne lungo la strada principale. Disse che si intristisce ogni volta che vede persone vivere in capanne di paglia, perché le ricordano le sofferenze osservate da bambina. Aggiunse che il suo sogno è che in India tutti possano avere almeno una casetta di due stanze e un pasto al giorno.

Sebbene la loro esistenza sia disagiata, gli abitanti dei villaggi sono abituati a donare quel poco che hanno a chi ne ha bisogno. Generalmente possono offrire soltanto un po' di cibo, e quindi quando arrivano degli ospiti, vengono sempre nutriti bene. La gente di villaggio non pensa a conservare qualcosa per il domani e di solito vive alla giornata. Anche se possiede così poco, fa il possibile per aiutare gli altri. Nei villaggi nessuno muore mai di fame, perché le persone si aiutano fra loro.

Amma spiegò che la gente di paese, anche se è molto povera e non possiede quasi niente, è molto fiera del poco che ha. In cucina, le pentole di metallo sono così pulite che brillano come specchi.

Quando Amma era ragazzina, sua madre era molto severa con lei mentre le insegnava a cucinare. Se lasciava cadere nel cibo anche un solo granello di cenere, veniva aspramente rimproverata per la sua sbadataggine.

La madre di Amma aveva l'abitudine di ricevere ospiti e offrire loro il meglio, anche se ciò significava lasciare a digiuno il resto della famiglia. A quei tempi questa era una generosità spontanea nei villaggi, non qualcosa per cui ci si dovesse sforzare.

Ancora oggi, quando le persone povere vengono al darshan di Amma, per quanto indigenti siano, le portano in dono uno scialle o un dhoti: con questo gesto condividono il proprio cuore. Alcuni, quando ricevono due vestiti, vogliono donarne uno a lei, anche se le loro risorse sono molto limitate.

Essendo cresciuta in un villaggio, Amma ha questo tipo di mentalità, sempre pronta a donare, senza mai pensare a conservare qualcosa per il domani. Ecco perché quando si è verificato lo tsunami, Amma ha desiderato dare tutto quello che aveva, senza risparmiare niente per il futuro. Ha stanziato ventitré milioni di dollari, più di quanto possedesse, sicura di poter ispirare i suoi figli a raccogliere il necessario per colmare il deficit.

Nel 2007 Amma è stata invitata a un incontro con il Primo Ministro del Maharashtra e vari funzionari statali per suggerire il modo di ridurre la percentuale sempre crescente dei suicidi nel Paese. Il governo si è reso conto che oltre a iniziative pratiche è necessaria una guida spirituale, e per questo si è rivolto ad Amma. Non le hanno chiesto assistenza finanziaria, ma la sua compassione per i sofferenti è tale che Amma ha offerto spontaneamente oltre quarantacinque milioni di dollari. Attualmente sta organizzando assistenza psicologica in tutta l'India, particolarmente nelle aree più colpite. Quando si presenta il bisogno, Amma non sa trattenersi dal porgere aiuto.

Amma si sente disperatamente triste quando vede che l'innocenza della gente di villaggio al giorno d'oggi sta andando perduta.

Il comportamento dei ricchi è generalmente molto diverso da quello dei poveri dei villaggi, che donano sempre quando è necessario; gli abbienti pensano spesso di non avere mai abbastanza, e vogliono accumulare sempre più, fino agli ultimi istanti della vita. Per quanto incredibilmente ricchi siano diventati, essi continuano ad avere una fame insaziabile, mai stanchi di possedere sempre di più, eternamente insoddisfatti.

Le fiamme di un incendio si possono facilmente spegnere, ma non quelle di un continuo desiderio. Smaniare in eterno per cose che non ci renderanno mai felici è un tragico spreco della nostra preziosa energia vitale.

In Giappone, una signora mi confidò di non trovare più alcuna soddisfazione nella sua vita, che era sempre segnata dallo stress. Quando le consigliai di porsi un obiettivo, fu molto sorpresa, perché l'idea non l'aveva mai sfiorata. Se nella vita non abbiamo una meta, rischiamo di condurre un'esistenza vuota, continuando a vagare nel ciclo del *samsara*, con la mente che oscilla come un pendolo tra gioia e dolore. Amma ci assicura che se oscilla in una direzione, lo farà inevitabilmente anche nell'altra, e dice che per trovare la pace dobbiamo imparare a controllare la mente, cosa possibile con la grazia guadagnata attraverso le buone azioni.

Tutti nella vita desideriamo un po' di pace e di gioia a cui aggrapparci, ma raramente le cerchiamo nel posto giusto, e quando il posto è corretto, a volte è il nostro atteggiamento a non esserlo.

Molti anni fa, quando mio padre era ancora in vita, decise di venire a farmi visita all'ashram in India. Aveva ormai oltre settant'anni e apparentemente era alla ricerca di qualcosa di più dalla vita. Avvicinandosi alla conclusione della sua vita, forse sentiva che gli mancava qualcosa, e sapendo che io avevo trovato cose davvero straordinarie nella mia, decise di fare le stesse esperienze che avevano portato me a incontrare Amma.

Io avevo viaggiato in Asia per alcuni anni prima di venire a vivere con Amma, e lui decise che avrebbe fatto altrettanto. Si recò esattamente negli stessi luoghi che avevo visitato io ma, forse a causa della sua età ormai avanzata, non ebbe esperienze molto profonde.

Arrivato in India, venne all'ashram a incontrare Amma e per prima cosa tese la sua mano per stringere quella di Amma – probabilmente la prima persona al mondo ad avere mai fatto una cosa simile! Devo ammettere di essermi sentita molto imbarazzata in quell'occasione, ma tornando indietro con la memoria, adesso riesco ad apprezzare la sua innocenza, poiché non era a conoscenza dei modi rispettosi in cui, secondo la tradizione, si incontrano i Santi.

Dopo la stretta di mano, Amma lo afferrò velocemente e lo abbracciò nel suo tipico stile affettuoso. (Forse fu il suo turno di sentirsi un po' impacciato!) Poi, mio padre strinse la mano alla madre di Amma, facendola ridacchiare come una ragazzina. Era una scena piuttosto buffa, mio padre in India con Amma e il suo inseparabile cappello da agricoltore australiano.

Rimase all'ashram due settimane, ma non riuscì a comprendere il profondo significato di vita che avevo trovato io alla presenza di Amma. Disse che era ormai troppo vecchio per cambiare, ma che lo faceva molto felice vedere il mio appagamento e constatare che avevo trovato qualcosa che dava un vero scopo alla mia vita. Dalla sua esperienza ho imparato che a volte compiamo esattamente le stesse azioni di qualcun altro, ma se il cuore non si apre e l'ego non si dissolve, non riusciamo a raggiungere una completa pace mentale.

Nell'autunno del 2006, al ritorno dagli Stati Uniti ci fermammo per una notte all'ashram di Amma in Germania. Fuori, al freddo, un gruppo di persone cercava di vedere Amma, e allora lei disse loro di entrare. Fuori c'era la neve e io, che mi trovavo vicino alla porta, lasciai entrare tutti finché, per ultimo, arrivò un cane al quale dissi: "Scusa, tu no!". Ma Amma insistette che facessi entrare anche il cane. Io mi preoccupavo delle sue zampe infangate sulla moquette, ma ad Amma non importava.

Amma chiese il suo nome. "Lucky", rispose qualcuno. Amma lo chiamò per nome diverse volte e si interessò molto a lui, vedendo che non stava bene. Disse che l'amore dei cani è completamente incondizionato e non dipende dal nostro comportamento verso di loro. Anche se noi parliamo e scherziamo con loro, questi animali restano vigili e continuano a proteggerci. Hanno davvero assorbito l'essenza della spiritualità, un amore senza riserve, più di quanto non abbiano fatto gli esseri umani.

Spesso ci domandiamo come capire se spiritualmente abbiamo fatto dei progressi. Amma dice che se diventiamo più vasti, se sviluppiamo maggiore pazienza e compassione e proviamo meno collera nei confronti degli altri, ciò è dimostrazione di crescita spirituale. In modo analogo, sappiamo che stiamo migliorando se riusciamo a mantenere equanimità mentale indipendentemente dalle situazioni esterne. Sono queste le qualità da sviluppare, ed è su di esse che dobbiamo quindi concentrarci piuttosto che su altre esperienze che possono manifestarsi nel corso della sadhana.

La vita spirituale ha lo scopo di purificare la mente. Pensiamo che l'inquinamento esista soltanto nel mondo esterno, ma la contaminazione maggiore è in verità dentro di noi.

Il mondo esterno non è che un riflesso del mondo interiore. Le negatività che manifestiamo attraverso i pensieri, le parole e le azioni sono più potenti di qualsiasi inquinamento ambientale, sono il veleno più letale. Per riuscire ad affrontare le sfide della vita moderna, abbiamo bisogno di riscoprire la forza purificatrice della spiritualità.

Capitolo 17

La luce nelle tenebre

In questo mondo cupo, qualcuno ha acceso una candela.
Invece di lamentarti dell'oscurità, segui la luce.

T. Ramakrishnan

Amma dice che quando nella vita incontriamo la sofferenza dovremmo cercare di rivolgere il nostro sguardo
all'interno, penetrare sotto la superficie delle esperienze
per scoprirne la causa. Il dolore rivela la vera natura del mondo. È
importante capire che nessuno può amarci più di quanto ami se
stesso e che non avremo per sempre il sostegno altrui. Possiamo
amare gli altri, ma se sviluppiamo troppo attaccamento nei loro
confronti non faremo che soffrire. La comprensione che Dio è il
nostro unico rifugio ci aiuta a mantenere il distacco.

Dio ci ha dato la libertà di ridere o di piangere. Anche se
siamo completamente circondati dalle tenebre, dovremmo cercare
di mantenere accesa la luce interiore. Di fronte alle difficoltà, le
persone tendono a reagire in modo diverso. Alcune possono valersi
degli eventi tragici per cambiare il proprio modo di vivere, in un
certo senso quasi forzate ad abbandonare la cattive abitudini e a
condurre un'esistenza più onesta e improntata al servizio. Altre
invece possono continuare a rivivere un evento difficile come una
scusa per sfuggire alla vita, incolpandolo di tutti i loro fallimenti.

In verità, ogni problema è come un piccolo seme che ha la capacità di germogliare e diventare qualcosa di splendido: dovremmo imparare a usare le circostanze avverse per crescere.

All'età di sessantasette anni, Thomas Edison perse il lavoro di tutta una vita durante un incendio nella sua fabbrica, che non aveva una grossa copertura assicurativa. Vide andare letteralmente in fumo tutte le sue fatiche. Cercò, però, di percepire il lato positivo della situazione, rendendosi conto che erano andati distrutti anche tutti gli errori, e commentò: "Grazie a Dio adesso possiamo ricominciare da capo". Tre settimane dopo il disastro ebbe entusiasmo e ispirazione sufficienti per ricominciare il lavoro: fu in quell'occasione che inventò il fonografo.

Nel 2002, gli anziani di un piccolo villaggio del Pakistan ordinarono lo stupro di gruppo di una giovane musulmana allo scopo di restituire l'onore alla famiglia della ragazza, il cui fratello minore era accusato di rapporti con una giovane di una tribù rivale. In quel Paese la maggior parte dei crimini contro le donne restano impuniti. Ma questa ragazza non solo ruppe il silenzio e sporse denuncia, ma si batté fino alla corte suprema. Quando gli aggressori furono dichiarati colpevoli, tutto il Paese si allarmò. La ragazza usò l'indennizzo conferitole dal governo per costruire delle scuole nel suo villaggio.

Oggi le donne di tutto il suo Paese la considerano un simbolo di speranza nel campo dei diritti femminili. Questa donna timida e senza istruzione avrebbe potuto lasciare che il crudele colpo del destino la distruggesse; al contrario, utilizzò la sfortuna per aprire un varco nella rigidità della sua cultura e aiutare altre donne. Le ci vollero una forza e un coraggio incredibili per far sentire la sua voce. La rivista Glamour le conferì il premio 'Donna dell'anno', una cosa di cui lei non aveva mai nemmeno sentito parlare. Impiegò i ventimila dollari del premio per aiutare le vittime del terremoto del Pakistan e altre donne con esperienze simili alla propria. Affrontò la paura e la trasformò in qualcosa che poté diventare la salvezza di molte altre.

Quando le chiesero perché affermi che il dolore è il miglior maestro, Amma rispose:

"Ho sempre considerato il dolore come la luce nelle tenebre. Milioni di persone al mondo sono depresse perché non sanno come affrontare la sofferenza. Ma quando si riversa il proprio dolore o la tristezza su una realtà superiore, su Dio, questi si trasformano nell'energia pura dell'amore. Un certo grado di sofferenza è presente nella vita di tutti, e il vero scopo della spiritualità è imparare a trattare le difficoltà con grazia, naturalezza e un atteggiamento positivo".

Siamo sulla terra per imparare e progredire spiritualmente: ogni situazione nella vita ci può insegnare qualcosa di importante. Ogni nostra esperienza è un risultato del nostro karma. Quando incontriamo delle piccole difficoltà, dobbiamo cercare di perseverare, elaborandole. Se proviamo ad avere un atteggiamento di abbandono, la grazia ci aiuterà a sormontare qualsiasi ostacolo.

Durante un programma in Kerala, molti devoti si sentirono tristi perché un brahmachari si era rifiutato di dar loro dei biglietti per il darshan. Era ormai passata la mezzanotte e il brahmachari pensava che Amma avrebbe dovuto riposarsi un po' dopo molte ore di darshan e smettere di continuare ad abbracciare la gente all'infinito, specialmente quella arrivata al programma così tardi.

Amma sapeva che le persone erano avvilite per non aver ricevuto il darshan, e che il brahmachari aveva accumulato un karma negativo per la tristezza inflitta ai devoti. Per alleviare questo karma, gli chiese di raccogliere e pulire cento paia di scarpe appartenenti ai devoti. Egli riuscì a trovarne circa quindici paia

e le pulì di tutto cuore. Il mattino dopo ne raccolse altre cento paia e si rimise al lavoro. Alcune persone, ritenendo disonorevole pulire le scarpe altrui per qualcuno nella sua posizione, andarono a parlarne con Amma che, presa dalla compassione, infine gli consentì di smettere. Gli spiegò però chiaramente che a ogni azione fa seguito una reazione, ed è quindi necessario tenere in grande considerazione i sentimenti degli altri. Se con le nostre azioni feriamo intenzionalmente il nostro prossimo, in futuro ne dovremo in qualche modo subire le conseguenze.

Nel mondo sono innumerevoli le persone che soffrono terribilmente; alcune sono malate di cancro, altre hanno perso la famiglia, e milioni sono afflitte da malattie mentali; al confronto, la nostra sofferenza è relativamente limitata. Per questo dovremmo essere grati di tutto ciò che abbiamo e cercare di aiutare il nostro prossimo in ogni modo possibile.

Quando era bambina, Amma vide tanta sofferenza intorno a sé e sentì profondamente l'agonia altrui; queste esperienze le fecero comprendere la natura effimera del mondo e suscitarono in lei il desiderio di distanziarsi da tutto. Era così furiosa di fronte alla crudeltà del destino che spesso si mordeva il corpo, fino a sanguinare. Tormentata da tanta assurda sofferenza, si strappava i capelli e desiderava addirittura gettarsi nel fuoco e bruciare per cercare in qualche modo di porre fine alla sofferenza della vita.

Rivolgendosi alla Natura, diceva tra le lacrime: "Non voglio vedere tutto questo!". A volte parlava una lingua sconosciuta e parole violente le salivano alle labbra, espressioni indistinte, incomprensibili e del tutto diverse dal linguaggio dei comuni mortali. Con queste parole che si manifestavano istintivamente, Amma rimproverava con forza la Natura. Questi intensi sentimenti d'angoscia per la sofferenza del suo prossimo la allontanarono dal mondo e la portarono a cercare rifugio nel proprio cuore. La sua anima desiderava ardentemente la pace.

Amma pregava di non provare mai un solo attimo di egoismo nella vita, chiedendo a Dio di punirla se ciò fosse successo. Implorava Dio di concederle la capacità di vedere se stessa in tutti. Questa è la ragione per cui oggi Amma non percepisce alcuna differenza tra uomo e donna: nella sua visione sacra, Amma vede solo l'Uno. Noi non siamo in grado di raggiungere lo stato che percepisce ogni cosa come Uno ma, coltivando la compassione, possiamo iniziare a vedere noi stessi negli altri.

Soltanto chi ha attraversato esperienze dolorose riuscirà a comprendere la sofferenza degli altri. Grazie alla consapevolezza, ogni esperienza, bella o brutta, ci insegna una lezione.

Una donna, sempre molto disponibile nei confronti degli altri, un giorno venne chiamata ad assistere un vicino malato. Mentre era fuori casa, uno dei suoi figli morì in un incidente domestico. Nonostante la tragedia, la donna riuscì ad accettare questo crudele atto del destino.

Due mesi dopo, portò sulla spiaggia gli altri due figli insieme a quelli di un'amica. Mentre preparava il pranzo per tutti, si distrasse per un attimo e uno dei suoi figli sparì. Lei lo cercò dappertutto senza riuscire a trovarlo. Alla sua ricerca fu messa anche una squadra di soccorso, e purtroppo il suo corpicino fu ritrovato senza vita il giorno dopo.

Dopo la perdita dei due figli, la giovane madre era completamente abbattuta. Non riusciva a capire perché Dio la stesse punendo in quel modo. Aprì il suo cuore disperato a un sacerdote, chiedendo la ragione di una punizione così crudele. Il sacerdote le assicurò che non si trattava di una punizione, che ogni cosa accade con uno scopo ben preciso che dobbiamo cercare di accettare anche senza comprenderlo.

"Che ragione può mai esserci in tutto questo?", chiese tra le lacrime.

Il sacerdote rifletté un momento e poi le domandò: "Da chi si recano le persone della nostra chiesa nei momenti di dolore e di difficoltà?".

Le ci pensò e poi rispose: "Vengono da me".

"Proprio così", disse il sacerdote con un sorriso. "Vedi quindi che Dio non ti vuole punire; dopo aver provato e superato tu stessa un tale dolore, sarai in grado di confortare chi attraversa tragedie simili". Questa risposta la aiutò a trovare la pace.

Una famiglia si recò da Amma con il figlio malato di lebbra, le piccole dita corrose dalla malattia. Chiesero tristemente ad Amma se potevano prendere in considerazione l'eutanasia, pensando che il bambino non avesse alcuna speranza di sopravvivere o condurre una vita dignitosa.

Amma rispose che non dovevano nemmeno pensarci perché cercando di sfuggire alla situazione, avrebbero dovuto rinascere per affrontare lo stesso problema in una vita futura. Era loro destino imparare a provare compassione per il bambino, affrontando questo dolore, proprio come soffrire era destino del figlio.

Le difficoltà non si presentano per distruggerci, ma solo per indurci a portare alla luce il potenziale latente in noi. Se si sviluppa la pazienza, a un certo punto si trovano anche la pace e la felicità; non bisognerebbe sfuggire alle situazioni, ma imparare ad affrontarle con l'atteggiamento giusto. La sofferenza può davvero aiutare un devoto a purificare la mente.

Una mia vecchia amica d'infanzia australiana con cui sono ancora in contatto mi scrive una lettera una volta ogni tanto. Nel 2005 mi scrisse raccontandomi quello che stava attraversando. Le era stato diagnosticato un tumore invasivo al seno, era stata ricoverata d'urgenza per una mastectomia, e da diversi mesi stava affrontando la chemioterapia. Alcune persone nella stessa situazione avrebbero molte ottime ragioni per sentirsi depresse e lamentarsi, ma lei mi scrisse la seguente lettera:

"Beh, sto facendo la chemioterapia e mi sono caduti tutti i capelli, così ho l'opportunità di indossare una parrucca. La verità è che la parrucca è trecento volte più attraente dei miei capelli veri, e quindi sono davvero felice di usarla. Sembro dieci anni più giovane – piuttosto anormale per qualcuno che sta facendo la chemioterapia! Inoltre, se hai una parrucca non ti devi lavare e asciugare i capelli, risparmiando così mezz'ora al giorno per la toeletta. Essere calva ti fa nuotare più veloce, inoltre risparmi centinaia di dollari di tinture, acconciature e shampoo... Essere calvi ha moltissimi lati positivi!

La settimana scorsa, però, ho imparato che con la parrucca non si dovrebbe andare in mountain bike, perché mentre pedali con il vento tra i cespugli, la parrucca rimane impigliata tra i rami e tu continui a sfrecciare nella boscaglia tutta pelata! E poi, se un cane la vede (e i cani adorano giocare con le parrucche!), passi il resto del pomeriggio a rincorrere il cane che si è portato via i tuoi capelli!".

Fui così fiera che questa donna, nonostante tanta sofferenza, avesse scelto di vedere il lato positivo della situazione e, grazie a un atteggiamento di abbandono, trasformato il dolore in allegria.

I dolori ci aiutano a rivolgere lo sguardo all'interno. Quando qualcuno che abbiamo amato diventa nostro nemico, dovremmo comprendere che questa è la natura del mondo. È in momenti come questi che possiamo ricordarci che soltanto Dio è il nostro vero rifugio.

Nel corso di esperienze dolorose di vita, invece di reagire contro gli altri, sentendosi offesi e arrabbiati, si può cercare di dirigere il proprio dolore verso Dio. Proprio come l'ostrica usa un granello dolorosamente irritante per dare origine a una perla pregiata, anche noi possiamo creare qualcosa di prezioso da circostanze travagliate.

Quando il marito di una devota indiana morì all'improvviso, la donna decise di recarsi in America per trascorrere un po' di tempo con la figlia. Dopo essere arrivata, scoprì di doversi sottoporre a un intervento chirurgico per la cataratta. Era molto turbata al pensiero di affrontare un'operazione all'estero, ma la sera prima dell'intervento Amma la chiamò dicendole di non preoccuparsi, che sarebbe stata con lei tutto il tempo. Durante l'intervento ebbe una visione di Amma in Devi Bhava, vestita con un bel sari verde, e questo la rasserenò perché comprese che Amma era davvero con lei.

Una volta dimessa dall'ospedale, la donna ritornò nell'appartamento della figlia e del genero i quali, dovendosi recare al lavoro, non ebbero altra scelta che lasciarla sola in casa. Non appena furono usciti, la donna sentì un profumo di rose e gelsomini che le ricordò Amma. Si voltò e, stupefatta, vide Amma con il suo sari bianco e un *mala* di gelsomino al collo. Amma trascorse tutto il pomeriggio con lei. Passeggiarono insieme nell'appartamento, parlando dell'operazione e di vari altri argomenti.

Arrivò infine il momento del rientro della figlia e del genero. La donna supplicò Amma di fermarsi un po' più a lungo, sapendo che loro sarebbero stati felicissimi di vederla, ma Amma disse che non poteva restare. Chiese allora ad Amma se poteva lasciare la ghirlanda di gelsomino come prova che era stata lì, ma Amma rispose ancora una volta: "No, adesso devo andare". E scomparve.

La donna era eccitatissima. Nonostante l'operazione agli occhi, le sue nitide visioni di Amma l'avevano aiutata durante l'intervento e la convalescenza.

Amma è la vera luce che nelle nostre tenebre illumina il sentiero con verità e amore, aiutandoci nei periodi più difficili della vita. Da parte nostra, dobbiamo ricordarci di confidare i nostri dolori solo a lei, nostro unico rifugio.

Capitolo 18

Madre di tutti

*C'è un Potere primordiale in questo universo.
Io lo considero mia Madre. E anche se deciderò
di rinascere centinaia di volte, continuerà
ad essere mia madre, e io sua figlia.*

Amma

In un sondaggio condotto in oltre cento nazioni di lingua non inglese è stato chiesto ai partecipanti di nominare la loro parola inglese preferita. Tra le quarantamila persone che hanno risposto al sondaggio, il termine più votato è stato "mother", la parola più dolce del mondo.

Una donna non diventa madre solo perché dà alla luce un figlio. Anche un uomo può essere madre se sviluppa le qualità materne di tenerezza e sollecitudine. Si diventa vere madri soltanto se si allevano i figli infondendo loro i giusti valori e contenuti; tradizionalmente la madre si prende cura dei bambini, nutrendoli, guidandoli sul cammino della vita e donando loro pace e conforto.

Amma dice che le sue qualità materne si sono risvegliate spontaneamente quando le persone hanno cominciato a recarsi da lei. Come bambini innocenti contavano su di lei per risolvere i propri dilemmi; la chiamavano "Madre" e in modo naturale lei iniziò a considerarli figli. Considerandosi la Madre di tutti, iniziò ad abbracciare le persone e ad ascoltare i loro problemi. Proprio come la dolcezza è la natura intrinseca di ogni frutto, le qualità materne e il flusso di compassione sono la vera natura di Amma.

Nel mondo d'oggi sono in molti a ferire il prossimo e a preoccuparsi solo di se stessi, ma Amma ispira ovunque milioni di persone ad aiutare, amare e servire il genere umano. Anche dopo aver raggiunto il sommo vertice della realizzazione, non rimane inattiva a deliziarsi nella beatitudine suprema, ma trascorre ogni attimo della sua vita al servizio del prossimo. Qualsiasi azione di un'Anima realizzata diventa una benedizione per il mondo.

Proprio come le api sono attirate da un fiore profumato, dovunque si trovi, Amma esercita un'attrazione irresistibile sulla gente. A volte quando cerchiamo di impedire alle persone di correrle dietro o di infilarsi nell'ascensore con lei, Amma ci rimprovera dicendo: "È così prezioso poter dare a qualcuno anche un solo secondo di felicità in questa vita. Non dovremmo farlo se ne abbiamo l'opportunità?".

Una sera, mentre ci trovavamo a Bombay, un famoso attore fece visita ad Amma. Quando entrò nella stanza, si diresse immediatamente verso di lei e cominciò a massaggiarle le spalle, le braccia e le ginocchia. Io mi sentii parecchio irritata da questo comportamento troppo disinvolto, ma quando in seguito lo feci notare a Amma, lei non fu d'accordo. Disse che l'uomo conosceva l'arte del massaggio e aveva capito che Amma era molto stanca. Considerandola come sua madre e con un grande amore innocente, istintivamente era corso a massaggiarle le spalle, cercando di farla sentire meglio. Il cuore di una madre vede sempre il meglio nei propri figli.

Un devoto venne ad incontrare Amma per la prima volta nel 1986. Aveva sentito parlare di lei a Bombay, e mentre si trovava in Kerala col figlio, decise di prendere un autobus e venire all'ashram.

Sull'autobus, un viaggiatore gli chiese dove fosse diretto e, una volta ricevuta la risposta, cominciò a criticare Amma, asserendo che era un agente della CIA e dandogli molte altre informazioni sbagliate.

L'uomo iniziò a temere che a Bombay gli avessero fatto uno scherzo raccomandandogli una visita ad Amma, ma quando l'altro passeggero aggiunse: "Un mio amico dal momento in cui l'ha incontrata ha lasciato tutto, e adesso va da lei continuamente!", capì che la persona strana era probabilmente quell'uomo, non Amma.

Quando lui e il figlio arrivarono all'ashram, Amma stava dando il darshan nel kalari: ricevettero un bellissimo abbraccio e si fermarono per la notte. Il mattino dopo Amma lo chiamò e gli diede un seme di *rudraksha* per lui e uno per il figlio. Mentre si preparavano a partire, questi gli sussurrò: "Amma avrebbe dovuto darmi altre due rudraksha per i miei fratelli", ma il padre disse che sarebbe stato maleducato tornare da Amma a chiedergliele. All'improvviso Amma li richiamò indietro e domandò al ragazzino: "Quanti fratelli hai?". Mentre rispondeva: "Due", notò che Amma aveva già in mano due semi di rudraksha per lui.

Quando erano pronti a partire, Amma li invitò ad avvicinarsi un'altra volta. Prese un medaglione con una catenina e disse al bambino di dare le rudraksha ai fratelli, ma di tenere nascosto il medaglione fino a quando la mamma non gli avesse chiesto: "Amma ti ha dato qualcosa per me?".

Arrivati a casa, il ragazzino dimenticò tutta la faccenda, finché la madre non gli chiese proprio se avesse qualcosa per lei. Ancora oggi, la signora indossa quel medaglione. Tutta la famiglia divenne molto devota, e nel corso degli anni Amma ha colmato la loro vita di tanta gioia. Tutti loro sono davvero contenti di non aver prestato attenzione all'erronea opinione del passeggero dell'autobus, che avrebbe potuto impedir loro di arrivare tra le braccia di Amma.

Una californiana ha raccontato come ha cominciato a comprendere l'amore che Amma ha per lei. Qualche mese prima della visita di Amma in California, la nonna era in punto di morte e, mostrando una sua foto a un'amica, la ragazza disse: "*Lei* è mia madre!". Effettivamente la nonna l'aveva allevata molto più amorevolmente della madre, e la giovane intendeva enfaticamente sottolineare quanto fosse importante la nonna; per lei era come se stesse morendo sua madre.

Qualche mese dopo la morte della nonna, la donna si recò al darshan di Amma, che le disse con slancio: "*Io* sono tua madre!", usando la stessa intonazione da lei usata parlando della nonna all'amica. Amma sembrava essere stata presente durante quella conversazione e desiderosa di spiegarle la verità delle cose. Lei fu assolutamente sbalordita dalla rivelazione di Amma e dall'intensità del suo amore. Ritornando a sedere dopo il darshan, si accorse che il dolore per la morte della nonna, che l'aveva accompagnata per tutti quei mesi, era completamente scomparso, assorbito da Amma, e non tornò più.

Ai programmi di Amma le folle sono generalmente enormi. La prima volta che si recò a incontrare Amma, una donna si sentì oppressa dal gran numero di persone presenti. Odiava le folle. Quando si recò al darshan, chiese ad Amma se fosse veramente il suo Guru e lei rispose di sì. Amma sapeva che la donna detestava essere soltanto un numero tra la folla e quindi le disse: "Sebbene abbia mille mucche, il pastore sa se ne manca anche solo una". La donna, ragazza di città nata e cresciuta a New York senza alcuna esperienza di mucche, non capì bene l'esempio, e allora Amma spiegò di avere mille occhi, e di questi, un paio soltanto per lei. La donna fu felice e sollevata da questa spiegazione.

Amma ha milioni di devoti in tutto il mondo, e per tale motivo alcuni si preoccupano che Amma non possa trovare il tempo di dimostrare loro un'attenzione personale chiedendosi se i loro pensieri e preghiere riescano a raggiungere Amma quando le sono lontani. In un'occasione qualcuno ha chiesto: "Amma, con tutte le persone che ti chiamano, temo che la linea sia occupata quando cerco di chiamarti io!". Ma Amma lo ha rassicurato di avere sempre una linea diretta con tutti, mai occupata. Un cellulare può avere un campo limitato, non Dio. Non importa dove ci si trovi, perché con Amma c'è la linea diretta del cuore. Il suo linguaggio è l'amore: Amma trascende il tempo, la distanza e tutte le barriere che temiamo possano tenerci lontani da lei.

Nel 2007, durante un gremito programma del tour del sud India, alla fine del satsang Amma disse di sapere che i devoti si lamentano di non riuscire a raccontarle tutto perché a causa del gran numero di persone, la durata del darshan si riduce a un paio di secondi "Amma non è come un dottore o un avvocato, cui dovete spiegare tutto. Di fronte a Dio non c'è bisogno di dire niente. Amma ha il sankalpa di udire tutti i cuori dei suoi figli".

Un bambino di sei anni di Seattle disse ad Amma di voler diventare il primo ministro della sua nazione. Quando aveva ormai vent'anni, Amma glielo ricordò, ed entrambi risero a quella dolce reminiscenza.

Amma si ricorda di tutti i suoi figli, ovunque essi siano; questa è una cosa di cui non dovremmo mai dubitare.

In America, un anziano signore indiano, con una lunga barba grigia, si recò al darshan. Un devoto lo notò e quando si ritrovò seduto accanto a lui durante il programma serale, gli chiese se fosse indiano. L'uomo rispose di sì, aggiungendo di trovarsi in America per la prima volta. Era venuto a far visita al figlio che viveva là.

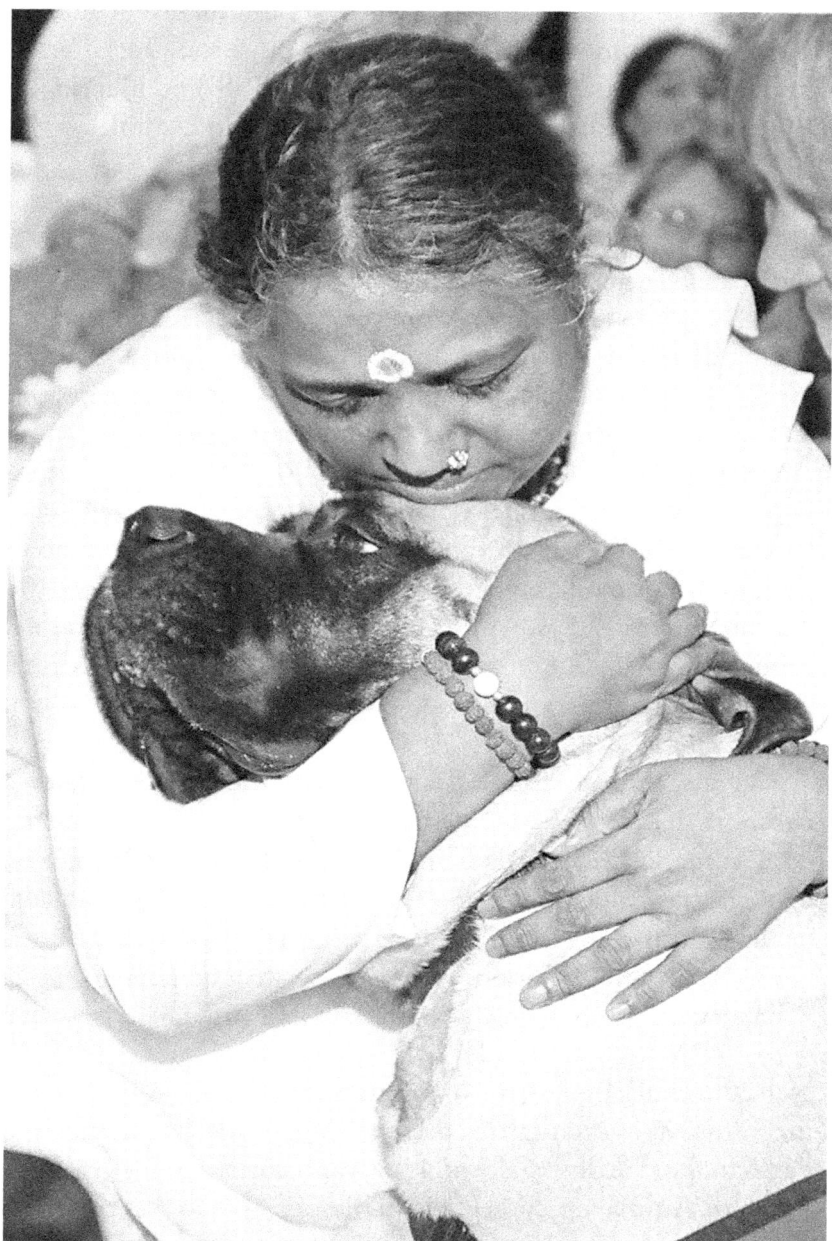

Disse che aveva incontrato Amma quattordici anni prima durante un programma in India e che non l'aveva più vista. Quel giorno, durante il darshan, Amma gli aveva sussurrato all'orecchio: "Figlio mio, figlio mio, dove sei stato in questi quattordici anni?".

In alcune città degli Stati Uniti, durante il tour, si svolgono dei ritiri. Durante la seconda serata del ritiro Amma serve la cena a ogni persona e poi si siede un po' con i bambini. I piccoli formano una fila intorno al tavolo di Amma e quando le passano davanti, Amma dà a ognuno di loro un pezzo di pappadam. I genitori, entusiasti ed emozionati, portano in braccio i bambini più piccoli fino da Amma per ricevere questo cibo benedetto.

Nel ritiro del New Mexico del 2006, Amma aveva finito di dar da mangiare a tutti i bambini e stava per lasciare la sala. Una donna, madre di tre figli, aveva intenzionalmente evitato di portare da Amma la figlia di sei mesi, perché la sera successiva, durante il Devi Bhava, Amma avrebbe dovuto somministrarle il primo cibo solido. Durante questa cerimonia tradizionale, Amma prende il neonato tra le braccia e poi imbocca il bambino con del *payasam*.

Mentre Amma stava lasciando la sala, vide la donna con la bambina in braccio e andò dritta da lei. Con un pezzo di pappadam in mano, chiese se la bambina avesse ricevuto il cibo. Non c'era via di scampo – Amma, determinata a dar da mangiare alla neonata, le offrì il pappadam. Madre sempre premurosa, Amma vuole che nessun bambino debba rinunciare a qualcosa. Questa neonata era così dolce che fu imboccata da Amma ben due volte.

Nel 2006, alla fine di un programma in Kerala, Amma aveva incontrato circa ottantamila persone. Al termine del lunghissimo darshan, poiché diversi devoti le avevano chiesto di far visita alle loro case, Amma non fu in grado di rilassarsi. Dopo aver rispettato i vari impegni, Amma salì in macchina, mentre tutti noi eravamo molto sollevati al pensiero che finalmente si sarebbe potuta riposare. Fra lo stupore generale, però, Amma disse di volersi recare nella casa di due bambini che da tempo pregavano per una sua visita; avevano perso la mamma e Amma era addolorata per loro. Dopo i faticosi impegni appena conclusi, un'ulteriore visita era per noi inconcepibile, ma nonostante le insistenze, Amma ignorò le nostre obiezioni.

Esasperato dalla sua riluttanza a riposare, qualcuno s'informò su come arrivare a casa loro, ma senza successo. Amma insistette, dicendo che i bambini l'avevano sempre accompagnata tenendola per mano verso la sua camera e le avevano chiesto spesso di far loro visita, quindi voleva davvero esaudire il loro desiderio. Sfortunatamente non riuscimmo a scoprire l'indirizzo, e alla fine Amma ci diede a malincuore il permesso di continuare il viaggio.

All'inizio di un tour all'estero, in transito nello Sri Lanka, ci trovavamo in auto diretti verso il nostro alloggio. La radio era accesa e trasmetteva della musica moderna. Amma ritmava delicatamente il tempo con le dita. A me sembrò una scena divertente perché quella non era certo la musica che lei è solita ascoltare. Amma si accorse che trattenevo una risata e me ne chiese il motivo. Commentai che non avrei mai pensato che le piacesse la disco music. Amma sorrise e rispose che può vedere i deva intrinseci ai raga di qualsiasi tipo di musica. Nella coscienza di Amma, Dio esiste ovunque.

Nel 2006, a Monaco, per decorare il palco e la sala erano stati usati dei palloncini rossi a forma di cuore. Alla fine dell'ultimo programma, qualcuno raccolse tutti i palloncini e si mise in attesa all'ingresso. Alle nove del mattino, finito il darshan, Amma uscì dalla sala e il devoto le offrì questo bel bouquet. Amma lo prese e poi lentamente lasciò andare i palloncini a uno a uno, come a benedirli prima che volassero via.

I palloncini lentamente si sollevarono e poi si dispersero. Tutti osservammo a lungo con meraviglia il loro volo nel mondo, la loro lieve danza nel vento. Mentre ci allontanavamo in auto, continuai a voltarmi per osservarli, chiedendomi dove sarebbero andati – ignoravo quanta distanza avrebbero percorso, ma ero sicura che l'amore di Amma li accompagnava tutti.

Dopo essere stata sveglia tutta la notte per il programma, il mio cervello non era in grado di decifrare il significato simbolico dei palloncini, ma in seguito, dopo aver dormito un po', ricordandomi dell'episodio mi resi conto che noi siamo come quei palloncini a forma di cuore. Amma ci riunisce tutti per un poco, ci abbraccia e ci tiene stretti con il suo amore e poi ci lascia ritornare nel mondo desiderando il meglio per noi e pregando che tutti possiamo arrivare sani e salvi a destinazione.

Un ragazzo israeliano molto indipendente arrivò all'ashram durante il suo viaggio intorno al mondo alla ricerca del significato della vita. Trovò Amma interessante e proseguì per la sua strada. Viaggiò per tutta l'India e visitò molti luoghi, ma diversi mesi dopo ritornò all'ashram: aveva deciso di chiedere ad Amma come impiegare la propria vita, perché dopo aver fatto molte altre esperienze, aveva capito che solo lei conosceva la risposta giusta.

Sono innumerevoli le persone che nella vita procedono inciampando. Oppresse dal dolore e dalla sofferenza, li infliggono anche agli altri, senza aver capito il significato dell'esistenza. Sarò eternamente grata ad Amma per averci dato una comprensione della vera natura del mondo, e per averci mostrato la gioia di condurre una vita dedicata agli altri. È una preziosa benedizione da tenere sempre a mente e di cui cercare di dimostrarsi degni. Tutto l'amore e la grazia che hanno colmato la nostra vita dovrebbero inondare anche la vita degli altri.

L'assoluta instancabilità di Amma non finisce mai di stupirmi. Senza dubbio, il mondo non ha mai visto tanta umiltà e compassione abbinate a un tale amore per il servizio all'umanità come nell'esempio vivente di Amma.

Tra i sei miliardi di persone su questa terra, abbiamo avuto la grazia di incontrare Amma, noi, una manciata di persone in tutto il creato. È una benedizione rara. Amma sta offrendo la propria vita per cercare di insegnarci qualcosa di molto importante; non possiamo lasciare che i suoi sforzi siano vani, è nostro dovere assorbire qualcuna delle sue qualità.

Nel 2005, mentre ci trovavamo in Spagna, una bambina di sette anni si avvicinò ad Amma sul palco prima dell'inizio dei bhajan serali. Amma stava parlando con lo swami che suona l'armonium; la bambina non desiderava interrompere e quindi, dopo aver aspettato qualche secondo, lanciò una lettera in grembo ad Amma e poi scese velocemente dal palco.

Amma prese la lettera e la aprì. Era in spagnolo, scritta in un'illeggibile calligrafia infantile. Amma voleva conoscerne il contenuto, la fece leggere ad alcuni di noi, ma nessuno riuscì a decifrarla. Poiché Amma insisteva, chiamai qualcuno a tradurla. La lettera diceva: *"Cara Amma, ti voglio tanto bene. Grazie di essere la parte migliore della mia vita"*.

Amma sorrise, baciò la lettera e la depose lì accanto. Nell'ora seguente, continuai a guardare periodicamente la lettera, con meraviglia, pensando che questa bambina aveva davvero espresso i sentimenti della maggior parte dei devoti di Amma. Nella sua breve vita aveva intuito una profonda verità. Sentii che la maggior parte di noi vorrebbe scrivere ad Amma una lettera simile, che con poche parole esprime ogni cosa.

"Cara Amma, ti voglio tanto bene. Grazie di essere la parte migliore della mia vita".

Glossario

Acchan: "padre" in malayalam, la lingua del Kerala.

AIMS: Istituto Amrita di Scienze Mediche. L'ospedale multispecialistico di Amma a Cochin.

Amritapuri: l'ashram principale di Amma, sede centrale della sua missione, situato nello Stato indiano del Kerala.

Amritavarsham 50: le quattro giornate per la pace e l'armonia nel mondo svoltesi a Cochin nel 2003 in occasione delle celebrazioni del 50° compleanno di Amma.

Arati: il rito nel quale si fa ondeggiare della canfora ardente suonando dei campanelli al termine di una funzione religiosa, per simboleggiare l'offerta dell'ego a Dio.

Ashram: comunità residenziale in cui si praticano discipline spirituali; la dimora di un santo.

Atman: il Sé supremo, o Coscienza. Denota sia l'Anima suprema sia l'anima individuale.

Avadhuta: Essere che ha realizzato Dio e che si comporta in maniera anticonvenzionale, come un folle.

Bhajan: canto/i devozionale/i.

Bhava: stato d'animo divino.

Bidi: sigaretta arrotolata in foglie secche.

Brahmachari: un discepolo maschio che pratica discipline spirituali e osserva il celibato.

Brahmacharini: equivalente femminile di brahmachari.

Brahmacharya: la pratica del controllo di sé in pensieri, parole ed azioni.

Brahmasthanam: tempio in cui l'immagine centrale è composta di quattro divinità diverse (Ganesha, Shiva, Devi e un serpente), che rappresentano differenti aspetti dell'Uno. Questa esclusiva forma di adorazione è stata ideata da Amma.

Chai: tè indiano al latte.

Chillum: pipa di terracotta usata per fumare tabacco o droghe.

Darshan: visione del Divino o incontro con un Santo.

Deva: essere celeste che esiste sul piano astrale in forma sottile e incorporea.

Devi: Madre Divina.

Dharma: dovere, responsabilità, rettitudine.

Dhoti: abbigliamento maschile costituito da un pezzo di tessuto legato intorno alla vita.

Ego: consapevolezza di un "io" limitato, che si identifica con caratteristiche riduttive quali il corpo e la mente.

Guru: Maestro spirituale.

Kalari: il tempietto in cui Amma originariamente teneva i Devi Bhava darshan.

Kali: un aspetto della Madre Divina.

Karma: azione; catena degli effetti prodotti dalle nostre azioni.

Karma Yoga: il sentiero dell'azione compiuta in modo altruistico.

Mahasamadhi: momento in cui la forza vitale viene completamente ritirata dal corpo.

Mahatma: letteralmente "Grande Anima"; titolo induista che denota rispetto, usato per indicare una persona spiritualmente elevata. In questo libro la parola 'Mahatma' denota chi ha realizzato Dio.

Mala: ghirlanda, collana.

Malayalam: la lingua madre di Amma, parlata in Kerala.

Mantra: suono sacro o gruppo di parole che ha il potere di promuovere la trasformazione spirituale.

Maunam: voto di silenzio.

Maya: illusione cosmica.

Om Namah Shivaya: potente mantra con varie interpretazioni, il cui significato è generalmente "Rendiamo omaggio a Colui che è eternamente benevolo".

Pada puja: tradizionale cerimonia devozionale che consiste nel lavare i piedi del Guru.

Pappadam: snack indiano fritto, rotondo, sottile e croccante, generalmente servito col riso.

Pitham: seggio sacro.

Pranam: forma indiana di saluto. Si uniscono i palmi delle mani all'altezza del cuore, mentre la fronte si abbassa fino a toccare la punta delle dita. È una forma modificata della prosternazione, e denota rispetto.

Prarabdha karma: i frutti delle azioni di vite precedenti che si è destinati a sperimentare nella vita attuale.

Prasad: offerta o dono benedetto ricevuto da un santo o in un tempio.

Puja: cerimonia devozionale.

Pulisheri: cibo liquido costituito da yogurt bollito, curcuma e spezie, da consumarsi col riso.

Raga: melodia musicale indiana che esprime un determinato stato d'animo.

Rudraksha: seme di un albero che generalmente cresce in Nepal, noto per le sue proprietà medicinali e spirituali. Miticamente conosciuto come "le lacrime del Signore Shiva".

Sadhana: pratiche spirituali che conducono alla realizzazione del Sé.

Sadhu: aspirante spirituale di una certa levatura.

Samadhi: unione con Dio; stato trascendentale in cui si perde ogni senso di identità individuale.

Sambar: verdure in brodo con peperoncino e spezie.

Samskara: la parola ha due significati: 1) cultura 2) l'insieme delle impressioni derivanti da varie esperienze (di questa o di altre vite) che vengono registrate nella mente e influenzano la vita di un essere umano – la sua natura, le azioni, lo stato mentale, ecc.

Sanatana Dharma: letteralmente "la religione eterna". Il nome originale dell'Induismo.

Sankalpa: risoluzione, formulazione di un proposito.

Sannyasin: chi ha preso i voti formali monastici di rinuncia. Indossa un abito color ocra a simboleggiare la distruzione attraverso il fuoco di tutti gli attaccamenti materiali.

Sanscrito: antica lingua indiana.

SARS: Severa Sindrome Respiratoria Acuta.

Satsang: ascoltare un discorso o una discussione spirituale; la compagnia di santi e devoti.

Seva: servizio altruistico.

Sufi: appartenente al Sufismo, la corrente mistica dell'Islam.

Swami: vedi *Sannyasin*.

Tabla: Strumenti a percussione tipici del nord India.

Tapas: austerità, privazioni, sostenute per giungere alla purificazione di sé.

Tulasi: basilico sacro, pianta medicinale.

Unniappam: dolce fritto molto popolare in Kerala.

Vasana: impressioni residue di oggetti e azioni di cui si è fatta esperienza; tendenze latenti.

Vedanta: letteralmente "la fine dei Veda", sistema filosofico basato sugli insegnamenti delle *Upanishad*. Il Vedanta dichiara che Dio è l'unica realtà e che il creato è essenzialmente un'illusione.

Vibhuti: cenere sacra che generalmente Amma distribuisce come prasad.

www.ingramcontent.com/pod-product-compliance
Lightning Source LLC
LaVergne TN
LVHW020352090426
835511LV00040B/3005